모리스 블랑쇼 침묵에 다가가기

KB199971

모리스 블랑쇼

침묵에
다가가기

울리히 하세 · 윌리엄 라지 지음 | 최영석 옮김

앨피 book

모리스 블랑쇼의 침묵에 다가가기

떨리는 이름

"어떻게 바로 여기서, 이 순간, 이 이름 모리스 블랑쇼를 부르는 이 순간 떨지 않을 수 있단 말입니까?"

블랑쇼의 장례식에서 자크 데리다가 낭독한 추도사는 이렇게 시작한다. 데리다는 왜 떨어야 했는가. 죽은 자의 이름은 언제나 저 너머의 이름이다. 죽은 자의 이름은 항상 내 삶의 끝을 상기시키니 우리를 전율하게 한다. 그러니 장례식에서 회상하는 모든 이름 앞에서 우리는 떨지 않을 수 없다.

하지만 죽은 자만이 아니라 모든 이의 이름은 언제나 저 너머의 이름이다. 우리가 누군가를 부르면 그 사람은 이미 존재하지 않는다. 내가 이름을 지어주는 순간, 그 사람의 실체는 사라지고 존재하는 것은 이름뿐이다. 그래서 블랑쇼는 "모든 시인은 이름 짓기가 으스스하게 떨리는 행위라는 것을 알고 있었다."고 썼다. 추도사에서 데리다가 "이 이름은 다만 붙여진 이름 그 너머의 이름, 즉 호소해야 하는 이름이었습니다."라고 말한 것도 같은 이유일 터, 모든 이름은 저 너머의 이름, 저 너머의 발자국이다.

그러나 단지 그뿐인가? 데리다가 호소한 그 이름은 1907년에 태어나 2003년에 사망한 사람의 이름이다. 말할 수 없는 그 무엇을 향해 끊임없이 말을 거는 것이 문학이자 글쓰기라고 주장한 사람, 예술의 궁극에는 침묵만이 있다는 자신의 말을 증명하기라도 하듯 침묵 속에 은둔하면서 부재·미지·고독·어둠·죽음이라는 화두로 수많은 이들에게 영감을 불어넣어온 사람, 타자를 끊임없이 염려하면서 공동체와 윤리의 본질을 사유한 자, 바로 모리스 블랑쇼, 그 사람의 이름이다.

은밀한 열광

한국에서도 블랑쇼의 사망 소식에 떨었던 이들이 분명 있으리라. 블랑쇼가 화제의 중심으로 떠오르는 일은 흔치 않았다. 사르트르와 카뮈를 위시한 실존주의 문인들이 집중적으로 조명되었던 시절에 블랑쇼는 그저 풍문으로만 전해지는 이름이었다. 문학잡지에 간헐적으로 소개되거나 세계 문학 전집에 그가 쓴 소설이 포함되기도 했지만 눈에 띄는 호응은 없었다. 근래의 담론들을 주도하는 여러 사상가들의 저작에 그의 이름과 작품이 자주 언급되면서 그에게 관심을 기울이는 이들도 점차 늘어갔으나, 여전히 블랑쇼는 많은 독자들에게 낯선 이름으로 남아 있다.

블랑쇼는 한국에서 사랑받지 못한 것일까. 그렇지 않다. 오랫동안 도서관 한구석에서, 카페에서, 새벽의 서재에서 블랑쇼는 은밀하게 사랑받았다. 문학이 무엇인지를 자문하는 이들에게 『문학의 공간』이나 『미래의 책』은 꼭 거쳐 가야 하는 관문이었다. 요란하지 않되 은밀한 열광이 블랑쇼에게 바쳐졌다. 평생을 은둔하며 주목받기를 원치 않았던 블랑쇼의 바람은 역설적으로 블랑쇼 자신, 그리고 블랑쇼의 글에 대한 신화화를 낳았다. 그의 글과 사상의 전모가 분명하게 드러나지 못한 것도 이를 증폭시켰다. 나아가 푸코, 데리다, 들뢰즈처럼 지난 10여 년을 화려하게 장식한 이름들이 블랑쇼의 언어, 죽음, 윤리에 대한 성찰을 참조하고 되물었으니, 블랑쇼는 탈구조주의의 기원이자 비조로 알려지게 되었다.

블랑쇼는 제2차 세계대전 이후 프랑스 문학의 전성기를 체험한 마지막 증인이다. 그는 사르트르, 카뮈, 바타유와 함께 글을 썼다. 블랑쇼가 쓴 글들은 레비나스와 들뢰즈의 책 속에 공명하고 있으며, 해체주의 혹은 탈구조주의에 결정적인 영감을 주었다. 그의 편린들은 폴 드 만이나 데리다 등의 저작에서 어렵지 않게 발견할 수 있다. 그렇지만 과연 블랑쇼를 그 기원이라고 말할 수가 있을까?

침묵하는 기원

푸코의 말을 빌리자면 블랑쇼의 사유는 '바깥의 사유'이다. 우리는 말하는 주체가 생각하는 주체와 동일하다고 보는 데 익숙하다. 말과 글, 문학이 그 주체가 점유하는 공간 속에서 주체를 중심으로 체계적으로 배열된다고 믿고, 그렇게 분석한다. 그러나 블랑쇼는 문학이 주체의 언어라고 보지 않는다.

글을 쓰면 쓸수록 글 쓰는 이는 자기 자신에게서 멀어져 간다. 문학은 내가 누구인지 알게 해 주는 도구가 아니라, 자기를 설명해 주는 온갖 담론 바깥에 스스로를 위치하게 해 주는 언어다. 글을 읽으면 읽을수록 우리는 그 글이 무엇인지 알 수 없게 된다. 문학은 읽는 이에게 제 자신을 완전하게 내비치지 않는다. 독자가 언어를 넘어 어떤 담론의 중심을 보았다고 생각하는 순간, 우리는 그것의 그림자, 진술이 아닌 중얼거림, 존재가 아닌 부재를 목도한다. 따라서 블랑쇼가 체계화된 사유에 반대하는 것은 필연적인 귀결이다. 언제나 그가 사유하는 것은 부재이다.

그렇다면 블랑쇼를 계보 속에 집어넣으려고 애쓰는 것, 혹은 거기에 넣어서 그가 받아 마땅한 영광을 누리게 하려 하는 것은 블랑쇼를 온당하게 이해하는 것이 아니다. 우리는 블랑쇼를 어떤 담론과 사유의 한가운데에 위치시키려 하지 말고, 그가 말한 글쓰기의 표현 불가능성, 침묵의 공간을 존중해 주어야 한다. 따라서 그를 어떤 사상의 기원이라 말하는 것은 부적당하다기보다 불가능하다.

경계 바깥의 블랑쇼

블랑쇼의 사상이 체계적이지 않다거나 체계화될 수 없다는 사실은 무엇을 의미하는가?

그의 글쓰기는 문학에서 출발해서 문학에서 끝난다. 그가 말하는 '문학의 공간'은 침묵, 한계, 불가능성의 다른 이름이다. 극단에 이르기까지 언어의 가능성을 추구하는 일은 언제나 언어로 표현될 수 없는 침묵을 마주하게 한다. 그렇다면 언어 바깥에서 그 침묵에 접근하는 길은 없을까? 오르페우스는 노래로 지옥의 문을 연다. 예술의 힘으로 에우리디케를 지상으로 이끄는 순간, 오르페우스는 단 한 번 그녀를 돌아봄으로써 작품을 어둠 속에 다시 잠기게 한다. 법을 어기고 상실을 직시하는 시인은 자기 자신마저 죽음에 바쳐야 한다. 세계, 작가, 독자, 심지어 작품마저도 자기 권리를 주장할 수 없는 공간, 글쓰기를 떠나서 침묵을 사유하는 길은 없다. 이 모순이야말로 그의 사상의 중핵을 이룬다.

그러니 언어와 문학의 한계를 고민하는 일은 단순한 문학 중심주의로 환원되지 않는다. 일각에서 블랑쇼를 신화화하려고 노력하는 것은 문학의 위엄이 빛을 잃고 있는 현재에 대한 반작용이다. 블랑쇼는 문학에 권위를 더하고자 끊임없이 문학으로 돌아온 것이 아니다. 우리 사유의 한계 바깥에 노출되는 경험을 이야기하기 위해서였다. 그는 문학과 예술을 그 경계까지 밀고 나가 사유하여 '나' 바깥의 타자들을 대면하여야 윤리를 말할 수 있다고 보았다. 타자와 만나서 내가 무너지는 것은 죽음의 체험이고, 달리 말하면 문학의 체험을 반복하는 것이기도 하다. 윤리를 고민하는 것은 우리 공동체의 기초를 되짚어보는 일이다. 그의 현실 참여 중 가장 두드러지는 사건이 '불가능한 혁명'이라 불리는 68혁명이었다는 사실은 우리에게 많은 것을 시사해 준다.

그는 릴케나 말라르메, 횔덜린, 카프카와 베케트 같은 작가들의 글에서 떠난 적이 없다. 블랑쇼는 언제나 작품들에 대해서 말하고 문학에 대해서 글을 썼으며, 자기의 생각을 문학 이외의 방식으로 드러내거나 정리하려고 하지 않았다. 자기의 글이 철학이 되거나, 자신이 철학자가 되는 것을 원치 않은 블랑쇼는 추상적 논변으로 자기의 생각을 조직화한 사상가가 아니다.

따라서 블랑쇼와 그의 글은 분류되기가 어렵다. 그는 소설가이자 평론가였고 철학자이자 사상가였다. 그의 소설에는 언제나 철학적 통찰이 담겨 있으며, 비평에는 문학적 재기가 넘치는 데다가, 소설과 비평의 경계마저 애매하다. 그 스스로 지칭했듯이 그의 글쓰기 형식은 비평도 소설도 철학적 명상도 아닌 그저 '이야기'였을 따름이다. 그러므로 장르적 분류를 통해 그를 쉽게 이해하려고 하는 것은 잘못이다. 블랑쇼의 글에 나타나는 모호함은 그의 사상 자체이다. 그의 글이 난해하다고 받아들여지는 것도 그가 여러 영역에 걸쳐 있어 손쉽게 정리될 수 없음에 말미암은 바가 크다.

블랑쇼의 수수께끼

블랑쇼는 문학으로 가는 길을 찾고자 하는 이들에게 문학 너머의 침묵을 안내해 준다. 죽음과 윤리의 본질을 찾으려는 이들에게는 그 본질 바깥을 대면해야만 다시 본질을 사유할 수 있다고 일러 준다.

이제 블랑쇼의 사유는 우리에게 낯설지 않다. 흔히 '해체'라고 일컫는 사유를 접하면서 우리는 주체의 경계 바깥을 탐색해야 한다는 요청을 수도 없이 받은 바 있다. 그러므로 역설적으로 블랑쇼는 바로 지금 우리가 기대고 있는 철학과 이론의 뿌리라고 볼 수 있다. 설사 그것이 앞에서 밝힌 것처럼 '불가능한' 것이라 할지라도 우리는 현대 사상을 사유하기 위해 블랑쇼를 읽을 수밖에 없는 것이다. "우리 시대의 가장 수수께끼 같은 작가" 블랑쇼를 이 책이 차근차근 설명해 주는 이유이다.

이 책의 저자인 울리히 하세와 윌리엄 라지는 블랑쇼에게 접근하기 위해 우리가 문학을 이해하는 여러 방식들을 상세히 검토한다. 또 그의 죽음, 타자, 현실 참여에 관한 사유를 이해하기 위해 헤겔, 하이데거, 레비나스, 사르트르의 논의를 끌고 온다. 이 책은 블랑쇼의 수수께끼가 어떤 씨줄 날줄로 짜여 있는지를 보여 줄 흔치 않은 좌표이다. 풍문으로만, 혹은 번뜩이는 영감이 담긴 글 한 줄로만 블랑쇼를 기억하는 이들에게 필요한 안내서인 것이다.

하지만 이렇게 말하는 순간, 두 저자와 마찬가지로, 역자도 불안해진다. 우리가 블랑쇼를 올바로 이해하고 있는 것일까? 그를 또 다른 중심, 주체로 만들고 있는 것이 아닌가? 체계화될 수 없는 사유를 하나의 학파로 묶고 이를 점령하려는 잘못을 저지르고 있는 것은 아닐까? 바로 이 때문에 우리는 블랑쇼를 다시 읽는다. 우리는 그를 기원으로서가 아니라 부재의 기원으로서, 기원의 부재로서 읽어야 한다. 블랑쇼는 어쩔 수 없이 인정해야만 하는 계보의 꼭대기가 아니었다. 그는 권위와 계보학을 통해서가 아니라, 여타 사상가들이 어쩔 수 없이 고백한 그 글쓰기의 '매혹' 때문에 어쩔 수 없이 사상가의 계보에 든다. 이것이 블랑쇼의 또 다른 수수께끼다.

2008년 7월

옮긴이

13

왜 블랑쇼인가?

■ **일러두기**

• 이 책에서 자주 인용되는 모리스 블랑쇼의 책들은 본문에 약어로 표기했다. 해당 텍스트의 자세한 서지 사항은 책 뒤쪽 〈블랑쇼의 모든 것〉 참조

BR   *The Blanchot Reader*, ed. M. Holland (Blackwell, Oxford, 1995)

DS   *Death Sentence*, trans. Lydia Davis (Station Hill Press, Barrytown, NT, 1978)

F   *Friendship*, trans. E. Rottenberg (Stanford University Press, Stanford, 1997)

FP   *Faux Pas* (Gallimard, Paris, 1943)

IC   *The Infinite Conversation*, trans. S. Hanson (University of Minnesota Press, Minneapolis, 1991)

ICN   Jean-Luc Nancy, *The Inoperative Community* (University of Minnesota Press, Minneapolis, 1991)

L   *Lignes*, Revue No.11 (Paris, September 1990)

LS   *Lautréamont et Sade* (Minuit, Paris, 1963)

LV   *Le Livre à venire* (Gallimard, Paris, 1959)

SBR   *The Station Hill Blanchot Reader*, ed. G. Quasha (Station Hill Press, Barrytown, NY, 1999)

SL   *The Space of Literature*, trans. A. Smock (University of Nebraska Press, Lincoln, 1982)

SNB   *The Step not Beyond*, trans. L. Nelson (State University of New York Press, Albany, 1992)

SS   *The Siren's Song*, ed. G. Josipovici, trans. S. Rabinovitch (The Harvester Press, Brighton, 1982)

TO   *Thomas the Obscure* (Station Hill Press, Barrytown, NY, 1988)

UC   *The Unavowable Community*, trans. P. Joris (Station Hill Press, Barrytown, NY, 1988)

WD   *The Writing of Disaster*, 2nd edition, trans. A. Smock (University of Nebraska Press, Lincoln, 1995)

WF   *The Work of Fire*, trans. C. Mandell (Stanford University Press, Stanford, CA, 1995)

원어 표기 인명이나 지명은 외래어 표기용례를 따랐다. 단, 널리 알려진 이름이나 표기가 굳어진 명칭은 그대로 사용했다. 본문에서 주요 인물(생몰연대)이나 도서, 영화 등의 원어명은 맨 처음, 주요하게 언급될 때 병기했다.

출처 표시 주요 인용구 뒤에는 괄호를 두어 간략한 출처를 표시했다.

도서 제목 본문에 나오는 도서 제목은 원 제목을 번역 표기하는 것을 원칙으로 하되, 국내에 번역 출간된 도서는 그 제목을 따랐다.

옮긴이 주 옮긴이 주는 〔 〕로 표기했다.

철학을 한 문학가

프랑스의 작가이자 이론가인 모리스 블랑쇼Maurice Blanchot(1907~2003)
는 20세기의 가장 중요한 인물 중 하나이다. 그는 어느 누구보다도
문학을 진지한 철학적 문제로 다룬 사람이다. 블랑쇼는 어떤 소설이
다른 소설보다 낫다거나 어떤 소설가가 다른 이보다 훌륭하다는 식
으로 애매하게 작품의 가치를 따지고 드는 대신에, 문학의 가능성과
문학만이 사유하게 해 주는 특수한 그 무엇을 계속 탐구하였다. 자
크 데리다Jacques Derrida(1930~2005), 폴 드 만Paul de Man(1919~1983),
미셸 푸코Michel Foucault(1926~1984) 등 당대의 프랑스 이론가들은 모
두 문학이 무엇을 할 수 있는지를 끊임없이 물어 온 블랑쇼의 영향
을 받았다. 따라서 영미 비평 이론을 뒤흔들어 놓은 탈구조주의는
블랑쇼를 빼놓고 논할 수가 없다.

블랑쇼가 쓴 글들은 정치 기사記事, 문학비평, 소설, 그리고 철학
과 문학이 난해한 서술 속에서 뒤섞여 특정 장르로 분류할 수 없는
혼합형, 이렇게 네 가지 유형으로 나뉜다. 네 유형들이 어떤 순서로
나타났는지를 따져 볼 수도 있겠으나, 그렇게 하면 블랑쇼 글쓰기의
핵심을 놓칠 우려가 있다. 글쓰기가 발전하다 보니 문학·문학 이
론·철학 간의 경계를 넘나드는 블랑쇼 글쓰기의 특징이 우연히 나
타났다는 오해를 부를 수 있기 때문이다. 더욱이 블랑쇼는 여러 형

식으로 글을 쓰면서도 문학, 죽음, 윤리, 정치라는 주요 주제들에 대한 관심을 늦춘 적이 없다.

이 주요 주제들을 따로 떨어뜨려 놓을 수는 없지만, 블랑쇼에게 가장 중요한 질문은 '문학의 의미와 가능성'이다. 그는 문학을 정전canon 중심으로, 즉 훌륭한 작품들에 점수를 매겨서 높낮이를 따지는 방식으로 이해하지 않는다. 블랑쇼의 글에서 세세하게 텍스트를 분석하는 비평을 발견하기란 불가능하다. 전통적인 작가론의 방식으로 쓴 글이라 해도 마찬가지다. 문학은 근본적인 철학적 질문과 맞닿아 있으므로, 오로지 가치와 심미안만을 문제 삼는 문학은 있을 수가 없다는 것이 그의 생각이었다. 블랑쇼가 중시한 이들이 문학비평가가 아니라 헤겔G. W. F. Hegel(1770~1831), 마르틴 하이데거Martin Heidegger (1889~1976), 에마뉘엘 레비나스Emmanuel Levinas(1906~1995) 같은 철학자나, 글을 쓰는 행위가 문학의 문제들을 낳는다고 여긴 프란츠 카프카 Franz Kafka(1883~1924), 스테판 말라르메Stéphane Mallarmé(1842~1998) 등의 작가들인 까닭이 바로 여기에 있다.

문학이 무엇을 할 수 있는가?

그렇다면 블랑쇼는 어떤 식으로 문학에 접근하는가? 그는 문학 텍스트가 특별한 가치를 가지는지, 좋은지 나쁜지, 어떤 유파에 속하는지, 위대한 고전인지를 따지지 않는다. 그 대신에 문학 텍스트가 문학의 가능성을 묻고 있는지를 중점적으로 살핀다. 문학의 가능성이란 우리가 언어와 진실을 이해하는 방식과 관련이 있다. 문학 텍스트가 진실을 전달한다고 보는 통념에 따른다면, 문학비평은 진실을 붙잡기 위한 것이 되어야 맞다. 그러나 문학의 중요성은 오히려 진실을 의심하는 데 있으며, 나아가 문학은 진실을 의심하라고 '요구'한다.

우리가 문학이라고 부르는 한, 모든 문학 텍스트는 단 하나의 해석이나 의미로 축소되지 않으려고 나름의 방식으로 저항한다. 18,19세기에 문학과 정치 양 방면에 걸쳐 일어난 운동인 독일 낭만주의는 블랑쇼의 문학 논의와 밀접한 관련이 있다. 블랑쇼는 제 자신에게 되돌아가 그 자체를 주제로 삼는 근대 소설의 분명한 특성에 처음으로 주목한 독일 낭만주의가 근대 문학 이론의 기원이라고 본다. 낭만주의에서부터 문학은 철학이나 역사 같은 다른 담론의 대상이 아닌, 문학 자체의 문제가 되었기 때문이다.

블랑쇼의 문학론은 그가 관심을 가진 다른 주제들과도 밀접한 관련이 있다. 1940년대부터 80년대에 이르기까지 블랑쇼가 쓴 모든 글은 우리가 죽음과 맺는 관계를 계속해서 반성하고 이 문제로 되돌아간다. 어찌 보면 우리는 문학이 요구하는 바를 따를 때 죽음을 경험한다. 물론 이때의 죽음은 누군가의 소멸이라는 의미가 아니라, 우리 자신의 '무의미성nothingness'이나 주체성의 한계를 묻는 질문으로서의 죽음이다. 글을 쓰는 것은 언어의 익명성에 노출되는 것이니, 인간 주체의 파멸과 소멸은 문학의 조건이다.〔언어의 익명성이란, 언어는 누군가에게 속하지 않으며 어떤 주체의 산물이라고도 볼 수 없으므로 특정한 이름 아래 귀속될 수 없다는 뜻이다. 현대 대중 사회의 한 특질을 가리키는 사회학적 용어인 익명성과는 다르다. 블랑쇼는 언어에 대한 사유에서 출발해 문학도, 죽음 앞에 처한 인간도 익명성에서 자유로울 수 없다는 성찰로 나아갔다. 그가 언어, 죽음, 문학이 갖는 공통적인 특성으로 제시한 익명성 the anonymity, 비인칭the impersonailty, 중성성the neutrality은 블랑쇼가 일찍부터 탈주체적 시각을 앞세워 사유해 왔음을 보여 준다. 특히 문법적인 의미를 포함하는 비인칭과 중성성이라는 용어는 언어의 본성에 관한 성찰을 중요시한 블랑쇼의 사유를 잘 반영하고 있다.] 그는 문학에서 경험하는 죽음과 철학에서의 죽음이 갖는 차이를 보여 주려고 했다. 실제로 블랑쇼는 죽음을 성찰하면서 기존의 철학 전통과 자신의 글 사이에 분명한 선을 긋는다. 문학이 제기하는 질문은 철학적 질문이라기보다는 철학에 대한 질문이다.

글에서 사라져 버리는 '저자'

문학이 제기하는 문제들을 따라가다 보면 윤리에 대해서도 성찰하게 된다. 문학에서 작품의 가치를 따지는 일이 그 작품을 이해하는 일과 같다고 생각하는 경향이 있듯이, 윤리에서도 일반 도덕법칙을 윤리라고 보아서 우리가 타자와 맺는 관계의 직접성을 감추어 버리는 경우가 수두룩하다. 하지만 블랑쇼는 그 어떤 명명命名이나 분류, 또는 말로 표현될 수 있는 그 어떤 것도 넘어서는 타자와의 관계에 기초하여 윤리를 이해한다. 윤리적 관계의 매개인 언어는 윤리와 문학을 이어 주는 길을 연다. 윤리와 문학은 둘 다 사유의 동일성을 파괴하는 근본적인 체험이다. 문학이 단순한 해석으로 축소되는 것을 거부하는 것과 똑같이, 타자는 그 어떤 규정도 넘어선다. 언어는 그래서 자아the self의 지배가 실패하는 경험이다.

여기에서 딱 한 발짝만 더 내디디면 정치에 관한 문제로, 또 블랑쇼가 그 본질은 문학 공동체라고 생각한 공동체의 문제로 넘어가게 된다. 블랑쇼는 우리 시대가 처한 중대한 위기를 발견한다. 객관화된 지식이 삶의 핵심부를 먹어 치우는 이 시대는, 인간 공동체는 물론이고 우리 자신을 잃어버리게 한다. 하지만 문학도 죽음도 타자도 결코 객체가 될 수는 없다. 때문에 블랑쇼는 책을 출판하고 에세이를 연재하면서 정치에 참여하여 우리 삶이 쪼그라들지 않도록 해 줄 문학 공동체를 제시하고 발전시킨다. 문학적 본질을 가진 우리 공동체를 이해하지 못한다면 우리는 존재할 수 없다. 1950년대에서 80년대에 이르기까지 블랑쇼는 유대교와 공산주의, 문학 사이의 결합을 추구하며 자신의 생각을 다듬어 나갔다.〔블랑쇼가 이야기하는 공산주의communism를 실제 공산주의 사회를 제어하는 현실적 이데올로기와 같은 것으로 보아서는 안 된다. 이 책 8장의 '문학적 공산주의'를 읽어 보면 블랑쇼가 말하는 공산주의가 무엇을 의미하는지가 명확해질 것이다. '코뮤니즘'처럼 현실 공산주의를 연상시키지 않으면서 이론적·이상적 면모가 강한 역어를 선택할 수도 있겠으나, 블랑쇼는 그 같은 구분을 원치 않을 것이다. 블랑쇼는 공산주의라는 용어를 통해, 계속 실패를 거듭하는 현실 공산주의와 달리 공산주의라는 말 자체에는 언제나 전체화에 저항하며 타자지향적인 속성이 내재되어 있음을 일깨우려고 한다. 블랑쇼의 말을 빌리자면 그가 말하는 공산주의는 '공동체 없는 이들의 공동체'를 뜻한다.〕

　블랑쇼도 그러했듯이 저자가 정치에 참여하려면 공공의 장에 어느 정도 자신을 드러낼 수밖에 없지만, 블랑쇼의 생각을 따르자면 문학에 헌신하는 가장 이상적인 방법은 저자가 자취를 감춰서 작품이 홀로 서게 하는 것이다. 그러니 저자가 주목받지 않아야만 하는 작품을 남긴 이 사람, 블랑쇼의 삶을 다루는 일은 여러 가지로 좀 모순되어 보인다. 그렇지만 블랑쇼의 경우, 이론적인 차원은 물론 실제로도 우리의 호기심을 채우기란 불가능하다. 대부분 그 자신이 던져놓은 감질 나는 몇 개의 편린들 말고는 그의 삶에 대해 거의 알려진 바가 없기 때문이다.

신원을 드러내지 않고 자신을 감추자, 역설적으로 그의 이름은 널리 알려졌다. 이 프랑스 지식인은 유명해지려고 애쓰지 않았다. 그저 글을 썼을 따름이다. 본인의 이론에서처럼 블랑쇼는 분명히 사라져 버리는 저자였다. 그래서인지 인터넷에서 그의 사진이 돌아다녔을 때(우리가 그 사진이 블랑쇼의 사진이라고 확신할 수 있을까?) 모두 그 사진을 한 장씩 복사해서 가지려고 했다. 그저 이름뿐인 사람을 실제의 사람으로 만들고 싶어 했던 것이다.〔블랑쇼의 사진은 프랑스 북부 스트라스부르에서 수학할 당시 레비나스를 비롯한 친구들과 찍은 몇 장과, 1985년 파파라치가 멀리서 찍은 사진 등을 제외하면 접하기가 어렵다.〕

블랑쇼의 감춰진 삶

이런 중요한 제한 조건들을 참작하면서 우리가 아는 블랑쇼의 삶을 짧게 다루어 보기로 하자. 그는 1907년 9월 22일 프랑스 동부에 있는 부르고뉴의 켕Quain에서 태어났다. 1930년대에 그는 극우파 신문들에 글을 썼다. 이 시기 블랑쇼의 활동은 우리에게 논쟁거리이자 골칫덩이다. 반反공산주의와 반反자본주의를 동시에 내세운 이 신문들

블랑쇼와 레비나스(위), **친구들과 함께**(아래)
블랑쇼는 유명해지려고 애쓰지 않았다. 그저 글을 썼을 따름이다. 본인의 이론
에서처럼 블랑쇼는 분명히 사라져 버리는 저자였다. 그래서인지 인터넷에서 그
의 사진이 돌아다녔을 때 모두 그 사진을 한 장씩 복사해서 가지려고 했다. 그
저 이름뿐인 사람을 실제의 사람으로 만들고 싶어 했던 것이다.

은 자본주의와 공산주의를 둘 다 경제가 지배하는 물질주의 문화의 구현으로 보았고, 시장의 지배를 국가의 지배로 대체해야 한다고 주장했다. 프랑스 극우파들은 법이 아니라 신화와 민족의 역사, 종족의 생물학적 순수성이 지탱해 주는 국가를 꿈꾸었다. 이런 식의 민족주의는 모든 종족의 순수성을 더럽히는 존재인 유대인은 민족 축에도 끼지 못한다고 여기므로 反유대주의로 귀결되기 십상이다.

블랑쇼는 반유대주의자여서 이 신문들에 가담했던 것일까? 1927년 스트라스부르에서 수학할 당시에 만난 유대인 철학자 레비나스와의 우정을 고려한다면 그렇다고 답하기가 약간 망설여질 수도 있다. 그러나 그렇다고 해서 사실이 바뀌지는 않는다. 그가 글을 썼던 신문들은 반유대주의가 농후한 글들을 게재했고, 그도 이 신문들의 성격을 잘 알았을 것이다.

더 근본적인 질문으로 넘어가 보자. 이 신문들에 글을 썼다는 사실이 그가 쓴 다른 글들을 무용지물로 만드는 것일까? 블랑쇼가 극우파 노선을 보인 자기 글들에 대해 사과하지도, 굳이 그것을 감추려고 하지도 않은 점에 주목해야 한다. 그는 노년에 쓴 편지들에서도 과거 행동에 대한 기록들을 부정하기는커녕 몇몇 오류들만을 수정하는 데에 그쳤다.

전기적 사실에 바탕하여 블랑쇼의 글들을 내치거나 그 중요성을 폄하한다면 우리가 블랑쇼의 글들을 읽으면서 얻었던 교훈, 어떤 텍스트의 효과를 그 저자의 삶으로 다시 끌고 가 따져서는 안 된다는 생각과 어긋나게 된다. 나아가 이 시절 그의 극우적인 왕당파 성향을 지탱해 준 민족 신화를 더 파헤치기가 어렵게 된다면, 블랑쇼의 글에 담긴 정치성을 충분히 논의하는 일 자체가 불가능하게 될지도 모른다.

앞 다투어 블랑쇼의 사진을 구하려고 애썼던 것처럼, 사람들은 흔히 정보나 사실에 집착하곤 한다. '이름'을 실체화할 수 있다고 생각하거나, 우리가 하는 말들이 우리 주위의 사물들만큼 현실적이라고 착각하는 태도는 더욱 깊이 있게 이 문제를 숙고하는 데 큰 걸림돌이 될 수 있다. 물론 이렇게 말한다고 해서 블랑쇼의 윤리적 책임을 부정하려는 것은 아니다.

전쟁 기간에 블랑쇼가 파리에서 어떻게 지냈는지는 당시의 많은 사람들과 마찬가지로 제대로 밝혀지지 않았다. 다만 이 시기에 중요한 세 가지 사건이 있었다. 그는 강제 수용소로 이송될 뻔한 레비나스의 가족을 구해 주었다.(레비나스는 전쟁 포로였으며, 프랑스 육군이었기 때문에 나치 독일의 집단 처형장에 보내지지 않았다.) 그리고 작가 조르주 바타유Georges Bataille(1897~1962)를 만나서 절친한 친구가 되었다. 레비나스와 마찬가지로 바타유는 블랑쇼에게 큰 영향을 주었다.

또 블랑쇼는 도스토예프스키처럼 독일군의 가짜 처형에 직면하여 내적으로 큰 변화를 겪은 듯하다. 블랑쇼는 이 현실인지 허구인지 불분명한 사건을 「내 죽음의 순간The Instance of my Death」(1994)에 담아 냈다. 〔「내 죽음의 순간」에 등장하는 죽음의 체험은 사실 가짜 처형이라기보다는 사형 직전에 극적으로 달아난 경험에 가깝다. 역사적으로 가장 유명한 가짜 처형은 1849년에 러시아 작가 도스토예프스키가 겪은 사건이다. 도스토예프스키는 농노제 폐지를 목표로 내건 과격파에 속해 있다가 체포되어 사형선고를 받았다. 그런데 처형되기 직전에 차르의 명령이 내려와

극적으로 사형이 중단되었는데. 이 가짜 처형은 본보기를 보여 주려고 니콜라스 1세가 꾸민 각본에 따른 것이었다. 삶과 죽음을 넘나든 이때의 체험은 도스토예프스키에게 큰 영향을 끼쳤다. 블랑쇼의 경우. 앞에서 지적했듯이 그가 겪은 '죽음의 순간'이 사실인지 아닌지를 밝혀 줄 명확한 증거는 없다. 또한 그의 후기 저술들은 현실과 허구를 굳이 구분하지 않으며. 데리다의 표현처럼 「내 죽음의 순간」은 증언과 허구의 불가능한 경계에 있다. 하지만 블랑쇼의 장례식에서 데리다가 낭독한 추도문에 따르면. 블랑쇼가 「내 죽음의 순간」이 출간되었을 때 책과 함께 보낸 편지에는 "50년 전 7월 20일, 나는 총살당할 뻔했을 때 행복감을 맛보았다."는 구절이 있었다고 한다.〕

전후에 블랑쇼는 당시 최초의 독립적 신문들 중 하나이고 프랑스 작가 앙드레 지드André Gide(1869~1951)와 철학자이자 작가인 장 폴 사르트르Jean-Paul Sartre(1905~1980)가 편집한 《라르쉬L'Arche》나, 사르트르와 모리스 메를로 퐁티Maurice Merleau-Ponty가 편집을 맡고 있던 유력지 《현대Les Temps Modernes》 같은 매체들에 글을 쓰는 일로 복귀했다. 그렇지만 그에게 가장 중요한 작업은 바타유가 주관한 잡지인 《비평Critique》에서 나왔다.

전쟁은 1930년대의 정치적 글쓰기와 완전히 단절하게 해 주었다. 1947년, 블랑쇼는 파리를 떠나 니스와 몬테카를로 사이 지중해 해안에 있는 남동부 프랑스의 작은 마을인 에즈빌Èze-ville로 갔다. 대부분 이전에 쓴 것이긴 하지만, 1940년부터 50년 사이에 다섯 편의 주요 소설이 출판되었다. 그리고 뒤이은 10년 동안 그의 소설 대부분이 나왔다. 1953년에는 전쟁 막판에 폐간되었던 프랑스에서 가장 영향력 있는 문예지인 《누벨 르뷔 프랑세즈nouvelle revue française》〔1909년 앙드레 지드가 창간한 문예지로, 월간지였으나 현재는 계간지다. 흔히 NRF라는 약어로 불린다. 프랑스 문화에서 중요한 위치를 차지한다.]가 복간되었다. 1968년까지 블랑쇼는 이 잡지에 매달 글을 실었다. 대부분 서평이었다. 그의 문학비평 대부분이 이곳을 통해 다시 나왔으며, 이곳을 거점으로 블랑쇼는 프랑스 지성계에 막강한 영향력을 행사하기 시작했다.

1957년에 블랑쇼는 파리로 돌아왔다. 10년 전에 이 도시를 떠나면서 문학에 천착하고 자기나 타인의 글에 열중하게 된 것과 달리, 이제 블랑쇼는 1930년대식의 정치적 행동을 재개한다. 그러나 이제는 극우파가 아니라 급진 좌파의 정치 노선이었다. 그는 1950년대의 드골 반대 운동에 동참했고, 60년대에는 알제리 전쟁 반대 '121인 선언 manifesto des 121'에 서명하여 투옥 위협을 받은 명단에 포함되었다.

1968년, 파리에서 68혁명이 일어나자 블랑쇼는 '학생-작가 행동위원회Comité d'action étudiants-écrivains'에 동참하였다. 이 단체의 선언문 대다수는 그가 쓴 것으로 보인다. 후에 그는 행동위원회의 명백한 반反시오니즘 때문에 탈퇴했다.〔1960년대 이후, 프랑스 지식인들이 팔레스타인 해방운동을 탄압하는 이스라엘의 행동을 점차 비판하기 시작한 상황을 가리킨다.〕 600만의 유대인을 학살한 홀로코스트의 공포가 모든 양식 있는 사상가를 위협한다고 생각한 블랑쇼는, 1957년부터 우정을 나눈 로베르 앙텔름Robert Antelme의 도움으로 홀로코스트의 중대성을 강렬하고 깊이 있게 숙고하였다. 로베르 앙텔름은 강제 수용소에서 겪은 체험을 기록하였는데, 블랑쇼의 마지막 작품인 『재앙의 글쓰기 *The Writing of Disaster*』(1980)에는 그의 영향이 깊게 나타난다.〔로베르 앙텔름(1917~1990)은 제2차 대전 시기에 레지스탕스에 가담하였다가 체포된

뒤 유대인 수용소에서 겪은 체험을 바탕으로 『인류L'espece humaine』(1947)를 쓴 프랑스 작가이다. 당시에 그의 부인이었던 마르게리트 뒤라스의 『고통La Douleur』(1895)에는 죽음 직전까지 내몰렸던 앙텔름의 상황이 잘 그려져 있다. 로베르 앙텔름과 그의 부인 모니크 앙텔름은 은거하던 노년의 블랑쇼를 돌보아 준 이들이기도 하다.〕 블랑쇼는 1968년부터 공적인 활동을 거의 완전히 중단했고, 발표하는 글도 줄어들었다. 1996년에 쓴 글이 마지막이다. 그는 아직 파리에 살고 있으며, 현재도 모든 인터뷰를 거절하면서 전혀 모습을 드러내지 않고 있다.〔이 책은 블랑쇼가 사망하기 이전에 발간되었다. 블랑쇼는 2003년 2월 20일에 운명하였다.〕

이 책의 구성

이 책은 앞서 밝힌 대로 네 개의 주요 주제를 중심으로 구성되었다. 1장과 2장은 블랑쇼가 문학에 어떻게 접근했는지를, 3장과 4장은 죽음을, 5장은 윤리적 관계와 문학의 연관성을 주로 다룬다. 6장에서 8장까지는 앞 장들에서 논의한 것과 블랑쇼의 정치적 사상이 어떻게 관련되는지를 살펴볼 것이다.

이렇게 주제별로 구분한 것은 이 책의 방식이지 블랑쇼가 그렇게 했다는 뜻이 아니다. 블랑쇼의 책을 읽는 독자들은 죽음 혹은 정치 같은 소제목을 찾지 못할 것이다. 그런 소제목이 달린 장을 읽으면서 보통 많이 하는 논의를 하며 다른 사상가와 무엇이 다른지 얘기하며, 나아가 그런 제목을 단 책을 기대할지도 모르겠으나 블랑쇼는 '학술적으로' 글을 쓰지 않았다. 블랑쇼가 남긴 글들이 이론적이라고

노년의 블랑쇼
1985년 파파라치가 멀리서 찍은 사진이다. 블랑쇼는 1968년부터 공적인 활동을 거의 완전히 중단했다. 1996년에 쓴 글이 마지막이다. 말년에 그는 파리에 살며 전혀 모습을 드러내지 않았다. 그리고 2003년 2월 사망했다.향년 96세였다.

할 수도 있겠지만, 우리는 이 글들이 원래 서평 형식으로 씌어져서 어떤 작가나 작품을 언급하면서 시작되었고, 그런 후에야 문학의 가능성이라는 문제로 나아갔다는 사실을 잊어서는 안 된다.

사실 블랑쇼의 글 쓰는 방식에는 분명한 일관성이 있다. 그는 다른 작가나 작품을 다루더라도 언제나 동일한 문제로 돌아온다. 문학의 가능성이라는 문제를 절대로 그냥 지나치지 않는 블랑쇼 글쓰기에서 발전을 언급하기가 곤란한 이유가 여기에 있다. 따라서 나중에 씌어진 그의 글들이 정치와 윤리에 천착하는 것처럼 보이더라도, 그 논의들은 어디까지나 문학의 가능성을 묻는 문맥에서 다뤄져야 한다. 어떤 이들은 작가나 작품을 통해서만 문학 일반에 접근할 수 있다고 할지도 모르지만, 블랑쇼가 문학 일반을 사고하는 방식이야말로 그가 비평이론에 남긴 가장 중요한 유산인 것이다.

마지막으로, 앞에 든 여러 이유로 인해 블랑쇼의 핵심이 담긴 글을 선별하기는 어렵다. 여러 텍스트들이 동일한 문제들을 되풀이하기 때문이다. 그럼에도 블랑쇼의 비평을 폭넓게 살펴보고 싶다면 『불의 몫 The Work of Fire』(1949), 『문학의 공간 The Space of Literature』(1955), 『재앙의 글쓰기』(1980)를 읽어 보기 바란다.

이 책은 블랑쇼의 비평 이론을 다루는 입문서로 기획되었다. 때문에 주로 이론적인 텍스트에 초점을 맞추고, 문학적인 글들은 이 목적에 도움이 되는 선에서만 다루었다. 책 뒤에 실린 〈블랑쇼의 모든 것〉은 이런 결정을 반영한다. 모든 입문서가 그렇듯이 이 책이 블랑쇼의 글을 대체할 수는 없다. 독자들이 이 책을 통해 원 텍스트들을 찾아 읽어 보는 계기가 되기를 희망한다.

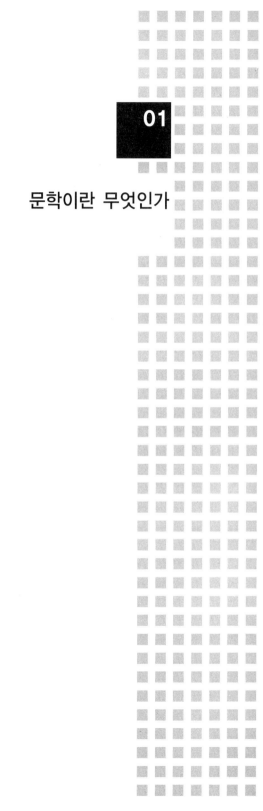

01

문학이란 무엇인가

Maurice Blanchot

문학은 정의할 수 없다?

소설을 즐겨 읽는 사람이라면 누구나 '문학이란 무엇인가?'라는 질문과 마주하게 된다. 이 질문은 '개는 무엇인가?'나 '나무란 무엇인가?'와 마찬가지로 꽤 분명해 보인다. 이를테면 "문학은 창조적·상상적 가치가 인정되는, 산문이나 운문으로 된 글쓰기의 한 형식이다."라는 정의가 있다고 해 보자. 여기에 모두 동의하지는 않을 테고 어떤 사람은 다른 정의를 내놓겠지만, 어쨌든 이렇게 정의 내리기에 골몰하다 보면 '문학'이라는 말을 실제로 규정할 수 있다고 생각하게 된다.

블랑쇼가 미심쩍어 한 것이 바로 이 부분이다. 블랑쇼 비평은 다른 정의들과 비교해 볼 만한 문학의 정의를 하나 더 제공하지 않는다는 점에서 독특하다. 그는 오히려 문학을 정의하는 과정이 너무나 힘들다고 주장했다. 사르트르와 벌인 논쟁이 좋은 예이다.

1947년, 널리 알려진 『문학이란 무엇인가?*What is Literature?*』라는 책을 내놓은 사르트르는 역사 속의 정치적 투쟁에 참여하는 것이 작가의 역할이라고 주장하였다. 블랑쇼 문학비평의 첫머리에 놓일 '문학과 죽음에의 권리Literature and the Right to Death'라는 제목의 에세이(1947~48년 2회에 걸쳐 연재되었다. SBR 359-99, WF 300-44)에서, 블랑쇼는 아주 애매모호한 반응을 보였다. 문학은 정반대편에 있는 도덕이나 정치와는 전혀 관계가 없는 그 자체의 의미를 갖고 있다고 그는 말한다. 여기서 이 단순한 대립에 주의하자. 문학이 미학적인 독립성을 가진다는 단언도 결국 문학을 일반적으로 정의하는 것이니 앞서 말한 문학의 정의와 다를 바가 없지 않은가? 한데 블랑쇼는 그런 정의를 거부하는 사람이 아닌가?

여기서 블랑쇼의 접근은 그리 야심찬 것도 아니고, 매우 불명확하다. 그는 문학 이론의 가능성을 부인하지 않은 탓에 논란에 휘말리지는 않았다. 그러나 연이어 무슨 이론이나 정의가 어떤 식으로 등장해도 거기에서 벗어나는 것이 독서 경험이라고 주장한다. 그러니 문학을 그렇게 곧장 정치 운동에 끼워 넣으려고 해서는 안 된다는 것이다.(그렇다고 해서 문학이 정치와 관련이 없다는 말은 아니다. 6, 7, 8장을 참고할 것) 블랑쇼는 문학이 끊임없이 어떤 정의에서도 '벗어난다'는 생각에 힘입어 약간은 역설적으로, 본질을 갖고 있지 않은 것이 문학의 본질이라고 썼다.

그러나 그 어떤 본질적 특성도, 그 본질을 굳히거나 깨닫게 해 주는 확언도 피해 나가는 것이 문학적 본질이다. 다시 말해, 문학적 본질은 이미 존재하는 것이 아니라 항상 재발견되고 다시 만들어진다. '문학'이나 '예술'이라는 말들이 현실적이고, 실현 가능하고, 중요한 어떤 것과 상응한다고는 확신할 수 없다.(BR 141)

이 말이 '역설적으로' 들리는 이유는, 문학이 정의를 갖지 않는다는 말도 여전히 문학을 정의하는 일이기 때문이다. 하지만 그저 보이는 대로 이 모순을 인정해서 블랑쇼에게 오류가 있다고 생각하기보다는 이 문제를 좀 더 면밀하게 따져 보는 편이 낫다. 이 장에서는 문학의 정의라는 일반적인 문제를 먼저 다루어 본다. 블랑쇼의 견해를 분명히 이해하기 위해 세 가지 문학 이론을 들어 각각 블랑쇼의 '반反 문학 이론'과 대조해 보자.

정의한다는 것

우리는 보통 차이를 통해 무언가를 정의한다. 간단히 말해, 다른 모든 것과 구별되는 어떤 특징 혹은 특징들을 집어내려고 노력한다. 예를 들어 우리는 인간이 동물에 속하지만 여타 동물들과 다른 이성 理性이라는 특징이 있다고 말한다. 블랑쇼는 문학 분류가 불가능하다고 주장하지 않았다. 우리가 로맨스 소설, 추리소설, 범죄 스릴러 등 문학의 여러 유형을 구분할 수 없다고 한다는 건 말이 안 된다. 또 경찰 보고서나 신문 기사 같은 여타 글쓰기 유형과 문학이 다르지 않다고 하는 것도 이상하다. 오히려 블랑쇼의 입장은 이러하다.

우리는 별 어려움 없이 정의들을 만들어 내지만, 정의한다는 행위가 필요로 하는 일반화는 독서 경험의 독특성을 놓치게 만든다. 게다가 문학 텍스트의 문학성이 무엇인지도 포착하지 못하게 된다는 점이 중요하다. 내재적으로 예술적 가치라는 차원에서 따지든, 외재적으로 도덕적 목적이라는 관점에서 바라보든지 간에, 문학에 대한 일반적인 철학적 정의는 독서 경험과 아무 관계가 없다. 말하자면 이 두 가지 관점은 모두 바깥에서 바라본 것이다.

우리는 문학 일반이 아니라 블랑쇼의 『죽음의 선고Death Sentence』나에밀리 브론테Emily Brontë의 『폭풍의 언덕Wuthering Heights』과 같은 개별 작품을 읽는다. 모든 종류의 일반적인 규정들을 동원해 이 텍스트들을 다룰 수 있을 것이다. 다른 책들과 비교·대조하고, 전위적이네 보수적이네 따지며, 이 사조나 저 운동으로 분류하고는, 이런저런 장르에 속한다고 꼬리표를 달아줄 수 있다. 블랑쇼가 이런 말들이 가짜라고 한 것은 아니다. 하지만 그 때문에 우리는 『죽음의 선고』나 『폭풍의 언덕』을 읽으면서 얻는 특수한 경험에서 멀어진다. 각각의 작품이 겪게 해 주는 고유한 경험 덕분에 개별 소설은 작품을 완전히 장악하려는 어떠한 시도에도 자기만의 방식으로 저항한다. 예를 들어 보자.

블랑쇼의 『죽음의 선고』가 독일 점령기 프랑스 사회의 모든 도덕적 원칙이 위협받는 파리의 불안한 분위기를 환기시킨다고 말하는 순간, 나는 이 소설을 전혀 설명해 내지 못한 것이 아닌가 하는 꺼림칙한 의심을 품게 된다. 결국 우리는 작품들 각각이 무엇인지를 말할 수가 없다. 이럴 때의 애매함은 어떤 작품을 읽는 경험에 내재적으로 들어 있다. 그리고 매 순간 특별한 독서 경험은 블랑쇼가 주장하듯이, 정의에서 빠져나간다. 문학 일반이 해석에 저항한다고 말하는 것만으로는 불충분하다. 작품은 자기만의 방식으로 해석을 거부한다. 그래서 그 자체로서 문학을 재창조하게 된다.

문학비평과 비평 이론 연구 전체를 갖다 대더라도 책에 대한 책이나 말에 대한 말은, 수수께끼 같고 불확실하며 불안정한 독서 경험의 중심에 결코 가까이 가지 못할 것이다. 작품의 중심, 그 의미와 전언에 가까이 다가서고 있다고 느끼면 느낄수록, 작품은 우리에게서 빠져나간다. 우리는 텍스트에 뭔가 말할 만한 것이 있다고, 전달될 수 없는 어떤 '진실'이 담겨 있다고 느낀다. 그러나 전문가들이 그게 무슨 뜻이라고 설명하는 것을 가만히 듣고 있다 보면 그 작품의 정말로 특별한 어떤 것을 붙잡아 낸 것 같지가 않다. 그 작품이 전해 준 것은 그저 작품 자체이기 때문이다. 이를테면 프란츠 카프카나 사뮈엘 베케트Samuel Beckett의 소설이 근대적 존재의 공허함과 무감각함에 대해 쓴 작품이라는 비평을 접했다고 해 보자. 하지만 이 비평은 너무 많이 말하거나 너무 적게 말한다. 모든 책은 '바로 이 핵심이 우리를 매혹시킨다'라는 해석이 필요하다. 그렇지만 핵심을 찾아 헤매면 헤맬수록 핵심은 확실함을 잃고 모호해져 버린다.

단편적일지라도, 하나의 책은 매혹적인 핵심을 갖고 있다. 이는 고정되어 있지 않으며, 그 책이 가하는 압력과 글이 쓰이는 환경에 따라 변화한다. 그러나 그 핵심이 진정한 것이라면, 이는 동일한 것으로 남으면서도 언제나 더 비밀스럽고, 더 불확실하고, 더욱 필연적인, 스스로를 변화시키는 고정된 핵심이다. (SL 5)

그렇다면 우리가 어떤 텍스트를 이해하려고 애를 써도 항상 실패하게 되는 까닭은 무엇일까? 블랑쇼는 텍스트가 두 가지 면을 갖고 있기 때문이라고 말한다. 하나는 우리 문화의 일부분인 텍스트이다. 이것이 문학 이론의 대상이며, 비평가들은 여기에 근거해 해석하고 판단한다. 그러나 또 다른 면도 있다. 텍스트가 자기만의 목소리로만 말하면서 텍스트를 개념화하려는 우리의 시도에 저항하는 것이 텍스트를 유일무이하게 만든다. 말하자면 텍스트는 매번 우리 이해 능력의 경계를 넘어서는 새로운 언어를 고안해 낸다.

블랑쇼는 텍스트의 양면성을 설명하고자 성경의 한 대목인 나사로의 부활을 끌어 온다. 독자는 무덤 앞에 서서 "나사로야 이리로 나와라."〔요한복음 11장 43절〕하고 명하는 예수이다. 무덤은 책이고, 나사로는 독자가 독서 행위로써 밝혀 내고 싶어 하는 책의 의미다. 나사로는 두 가지 모습으로 무덤에서 걸어 나온다. 하얀 수의로 몸을 감싸고 서 있는 부활한 나사로와, 아직도 수의 안의 몸이 무덤 속에서 썩어 가는 시체의 냄새를 풍기는 나사로이다.(IC 35-6, WF 326-8) 부활한 나사로는 텍스트의 문화적인 면을 의미한다. 쉽게 이해할 수 있는 이런 부분을 우리는 텍스트의 의미나 가치라고 부른다. 그렇지만 또 다른 나사로, 부활한 나사로가 계속 숨겨 두고 있어 낮의 햇빛을 볼 수 없는 그는 모든 텍스트의 중심에 알 수 없는 존재로 머무르고 있어서 그 어떤 해석이 거쳐 가도 여전히 남아 있고, 무덤의 비밀처럼 우리의 접근을 허락하지 않는다.

텍스트는 표현 형식의 개성 때문에 이해에 저항한다. 그리고 블랑쇼에 따르면, 바로 이 개성이 문학은 일반적으로 무엇이라고 정의 내리지 못하게 한다. 문학의 두 가지 측면은 쓸데없이 대립하고 있는 것이 아니라는 점에 주의하자. 텍스트의 나눌 수 없는 특성, 그 끈질긴 개별성은 독서를 통해서, 해석의 실패를 통해서만 가능한 것이다. 그러나 텍스트는 텍스트를 이해하려는 독자의 의도를 어떻게 회피하는 것일까, 그리고 왜 피하는 것일까? 이 질문에 답하기 위해 우리는 블랑쇼가 문학에 접근하는 방식이 영향력 있는 다른 비평적 태도들과 어떻게 다른지 간단하게나마 비교해 보아야 한다. 블랑쇼가 취한 입장의 원천이 이를 통해 더 분명하게 드러날 것이다.

문학 이론들

블랑쇼 사유의 발전은 그가 글을 쓰는 방식과 분리될 수 없다. 그의 비평 대부분이 《주르날 데 데바*Journal des Débats*》〔1789년에서 1944년까지 발행된 프랑스 신문. 프랑스에서 가장 권위 있는 신문이었으며, 정치적 영향력 못지않게 양질의 문예비평으로도 유명했다. 연극평, 신문소설을 최초로 도입한 신문이었다.〕《비평》,《누벨 르뷔 프랑세즈》등에 실린 서평이다. 이 매체들은 블랑쇼에게 생계만이 아니라 사유의 독립성도 유지시켜 주었다. 이 매체들은 프랑스 지성계의 독특한 분위기를 보여 주듯이 신문의 문학란과 학술 잡지의 성격을 모두 가지고 있었지만 학술계와는 별개였다. 그래서 블랑쇼는 대부분의 문학비평가들과 달리 자신의 관점을 보여 주고 다른 이들의 시각을 비판하는 기본적인 작업을 하지 못했다.

블랑쇼의 서평들이 조금씩 변화한 것은 사실이지만, 각주도 거의 없고 바타유나 레비나스 같은 이들 말고는 동시대인들의 의견을 인용하는 부분도 찾기 힘들기 때문에, 그의 사유를 재구축하고 그 영향을 추적하기란 매우 어렵다. 이 문제를 이렇게 해결해 보자. 주류 문학 이론과 블랑쇼의 대화를 상상하고, 우리가 가진 자료들에 기초하여 그가 주류 문학 이론에 제기했을 법한 이의들을 떠올려 보는 것이다. 이렇게 하는 이유는 블랑쇼의 문학론을 낱낱이 따져 보기 위해서가 아니라, 블랑쇼와 세 가지 유형의 문학 이론들을 비교해보기 위함이다. 이 세 유형의 문학 이론은 문학의 주요 요소인 작가, 독자, 텍스트에 각각 초점을 맞추고 있다.

— 전기傳記로서의 문학

보통 문학작품을 읽는 사람들은 작가가 막 작품을 쓸 때 무슨 마음을 먹었는지가 궁금해 그 텍스트를 읽지 않을까? 제임스 조이스James Joyce의 『율리시스Ulysses』(1922)를 읽는다고 해 보자. 근본적으로 이 텍스트가 외적인 형식을 통해 작가의 내면을 번역한 것이라면 여러 인물과 상황들은 작가 마음속의 여러 모습과 그리 다르지 않을 것이니, 이 작품은 작가의 무의식을 옮겨 놓은 것이라고 여겨지리라.

이를테면 조이스가 미처 깨닫지 못했더라도 『율리시스』라는 텍스트는 '20세기 초 지식인들의 계급의식'처럼 무의식적인 이데올로기적 요소를 품고 있을 것이다. 작가의 무의식이라는 개념은 작가의 개인 심리부터 사회의 대중 심리까지 아우르는 광대한 시야를 포괄하는 해석을 내놓을 수 있다. 작가의 원래 생각과 의도에 되도록 가깝게 접근하거나, 불가능할 게 분명하긴 하지만 숨겨진 무의식적 의미나 억압을 드러내는 것이 이런 설명의 목표이다. 이 설명 방식은 앞의 도구들을 활용해서 '순진한' 독서로는 알아채지 못했을 텍스트의 '의미'를 발견해 낸다고 주장한다.

지금 우리가 머릿속에 떠올리는 문학비평 방식은 프로이트의 연구에 힘입은 바 크다. 블랑쇼도 프로이트에 대해 쓰기는 했지만, 숨겨진 의미들을 찾는 데에는 전혀 연연하지 않았다.(IC 230-7) 텍스트의 의미를 묻는 이 이론에 블랑쇼는 어떤 반응을 보였을까? 아마도 저자의 본래 의도가 무엇이었는지 어떻게 알 수 있냐고 되물었을 것이다. 텍스트 속에서 변형된 저자의 무의식을 이야기하기 시작하면 문제는 더욱 복잡해진다. 저자가 아직 살아 있어서 텍스트 뒤에 있었을 법한 의미를 일러 준다고 해도, 제 작품을 자기가 규정해도 괜찮은지 확신할 수 있을까? 결국 각자 알아서 작품을 판단하는 것이 이 문제를 결정짓는 유일한 방법처럼 보이지만, 그렇게 되면 텍스트의

지그문트 프로이트Sigmund Freud(1856~1939) 프로이트는 비엔나에서 신경증을 앓는 환자들을 진찰하다가 무의식적 사고 과정을 발견하고 새로운 치료 방법인 정신분석학을 내놓은 신경학자이다. 그가 꿈의 잠재 내용latent content과 발현 내용manifest content을 구분한 것은 문학비평에 큰 영향을 끼쳤다.〔꿈의 잠재 내용이 꿈을 분석해서 밝혀낸 의미를 가리킨다면, 발현 내용은 중요한 부분이 삭제되거나 왜곡된 채로 나타난 꿈의 내용을 말한다. 프로이트에 따르면 꿈의 (발현) 내용을 분석하면, 의미 없어 보이거나 미처 그 의미가 드러나지 않은 부분들을 파고들어 어느 정도 잠재 내용을 구성해 낼 수 있다.〕 이 구분이 어느 정도 윤곽을 드러낸 그의 주저 『꿈의 해석Interpretation of Dreams』(1900)에 따르면, 발현 내용은 꿈의 표면에 나타난 재료와 연관이 있으며 확연히 비논리적인 이미지들의 결합으로 이루어져 있고, 그 잠재 내용은 해석에 의해 밝혀져야 한다. 발현 내용과 잠재 내용의 관계를 잘 보여 주는 예는 꿈에 대한 상징적 해석이다. 이를테면 꿈속에 등장한 대상이 성기나 성행위를 나타낸다고 보는 식이다. 프로이트가 이 상징적 해석을 과도하게 강조했다고 보는 이들도 있다. 프로이트는 환자들을 진찰하듯이 작가의 삶을 끌어들여 자기만의 방식으로 문학작품들을 해석한다. 프로이트의 해석 방식을 블랑쇼가 직접 다룬 적은 없지만, 「분석적 발화Analytic Speech」(IC 342-54)에서는 정신분석학을 논하고 있다.

의미를 저자의 의도에서 찾겠다는 입장과는 멀어져 버린다.

― 독자의 반응

작가가 자기 작품을 가장 잘 해석한다고 볼 수 있는 근거는 사실 별로 없다. 블랑쇼가 일깨워 주었듯이, 자기 작품을 논할 때 작가는 더이상 그 작품의 작가가 아니라 첫 번째 독자일 따름이다. 그러니 저자들은 독자들보다 더 곧장 작품에 가 닿을 방도가 없다.(SL 200-1)

작품과 가까운 것은 사실이지만, 오히려 그 때문에 저자들은 그 의미를 전체적으로 살피지 못한다. 게다가 저자의 원래 의도에서 텍스트의 모든 의미를 찾을 수 있다고 확신할 수 있을까? 어떤 텍스트든 그보다 더 많은 가능성을 지니고 있지 않을까? 누가 썼는지 불확실한 텍스트를 떠올려 보자. 우리는 저자에 대해 알지 못한다는 이유로 이 텍스트는 의미가 없다고 말해야 할까? 또, 읽고 있는 책 앞에 이름이 써 있지 않고 저자에 대해서도 전혀 모르는 상태라고 생각해 보자. 책을 펼쳤을 때 페이지가 공백으로 보이고, 한 마디도 이해할 수 없게 되리라고 믿을 것인가?

독자가 저자의 의도를 알아냈다고 좋아하며 제 의견을 내놓는 것은 모든 해석의 필연적인 결과다. 자기 삶을 텍스트에 부어 넣어 텍스트의 의미가 살아 있도록, 텍스트가 껍질만 남거나 쓸모없어지지 않게끔 하는 존재가 독자라고 흔히 생각하는 이유가 여기에 있다. 『율리시스』의 예에서 알 수 있듯이, 문학 텍스트의 의미는 작가의 마음속이나 텍스트 그 자체에 있는 것이 아니라 독자와 텍스트 사이의 상호작용에 달려 있다. 그러므로 우리는 어떤 텍스트든 그 텍스트를 읽는 이들의 수만큼이나 풍부한 의미와 다양한 해석을 낳는다고 말할 수 있다.

독자들은 제각기 의식적이든 무의식적이든 자기의 가치판단이나 의견을 내놓을 테고, 독자들의 선입견은 책의 의미 위에 제 생각을 덧칠한다. 독자들은 책을 해석하면서 자기의 사회적 위치와 긴밀하게 연결된 문화적 태도를 저도 모르게 표출한다. 그렇다면 문학비평이란 시간의 바깥에 수수께끼처럼 놓여 있을 작품의 '진실'을 찾는 것이 아니라, 그에 대한 수용의 역사를 추적하는 것이 된다. 셰익스피어의 작품들을 떠올려 보자. 요즈음 우리가 관심을 갖는 부분은 그 시대의 관객들이 재미있어 했던 것하고는 아주 다를지도 모르지만, 우리는 어느 쪽의 반응이 더 진실에 가깝다고 주장할 수가 없다.

이와 같은 주장을 하는 문학적 입장은 독자도 문학 텍스트 해석에서 일정한 몫을 가져간다는 점을 두드러지게 강조하는 소위 '독자 수용 이론'을 내놓았다. 블랑쇼가 이 이론에 어떻게 대답했을지 상상해 보자. 텍스트가 독자를 초대하는 딱 그만큼 독자들을 내쫓고도 있다는 점을 왜 모르냐고 대꾸하지 않았을까?

어떻게든 독자가 텍스트를 가까이 끌어당기려고 해도, 텍스트는 끈덕진 고립을 지키면서 그 바깥으로 독자를 밀어낸다. 텍스트가 독자의 전유에 저항한다는 말은 텍스트가 아무 의미도 없다는 뜻이 아니라, 정확히 그 반대이다. 이 저항이 텍스트의 의미이고, 저항이야말로 문학 텍스트를 만든다. 다른 식으로 보자면, 우리가 이해할 수 있는 것보다 더 많이 말하는 한 그 텍스트는 문학 텍스트이다. 그러나 이 '더'는 의미의 부재로서 부정적으로 경험되는 것이 아니라, 의미의 초과로 다가온다. 한 작품이 이상하게도 특수하고 개별적인 세계나 스타일을 보여 준다고 말할 때, 우리는 어떠한 일반적인 분류나 명명에도 저항하는 텍스트의 특성을 가리키고 있는 것이다.

– 구조주의

문학을 이해하는 또 다른 방법은 작가나 독자가 아니라, 텍스트에 초점을 맞추는 것이다. 이렇게 문학에 접근하는 방식은 1920년대에 러시아 형식주의자들이 이론화하였다. 이들은 현대 문학 이론의 선구자로 불린다. 형식주의자들은 심리학·사회학·역사학적 해석의 유행에 편승하기를 거부하고, 문학 연구에 적합한 대상인 텍스트로 돌아가자는 목표를 내세웠다. 이들은 이 사람 혹은 저 사람이 문학

수용 이론Reception theory 독자가 텍스트의 의미 생산에서 행하는 역할을 강조하며 독일 콘스탄츠 대학에서 나온 문학 이론. 이 이론의 주요 주창자는 한스 로베르트 야우스Hans Robert Jauss, 볼프강 이저Wolfgang Iser, 페터 손디Peter Szondi 등이다. 수용 이론은 문학 텍스트의 역사적인 면을 강조하는데, 의미의 근원을 찾을 때 작가보다는 독자에게 더 강조점을 둔다. 때문에 텍스트는 역사와 공동체들을 가로지르며 의미가 변화할 수 있다. 예를 들어 셰익스피어의 작품들은 그 텍스트들이 읽힌 역사적·사회적 맥락 위에 서 있으므로 확정적인 의미를 갖고 있지 않다. 블랑쇼는 수용 이론에 대해 특별한 언급을 하지는 않았다. 그는 독서가 역사적·사회적 성격을 갖는다는 생각을 거부하지는 않았으나, '문화'에 관한 이야깃거리를 한두 개 더 보태고자 '문학의 공간'을 축소하려는 시도에는 저항했을 것이다. 「거대한 환원의 힘The Great Reducers」(F 62-72)이라는 에세이에 잘 나와 있듯이, 그가 관심을 둔 것은 분명히 독자의 반응에 대한 텍스트의 저항이었다. 우리는 7장에서 이 에세이를 논의할 것이다.

텍스트를 썼다는 사실을 우리가 별 문제없이 무시할 수 있다고 말한다. 모든 문제는 독서 행위를 통해 우리 앞에 등장하는 그 텍스트로 귀결된다.

우리가 '제임스 조이스'라는 이름을 책 표지에서 지워 버려도 『율리시스』의 의미는 큰 차이가 없을 것이다. 저자의 이름을 완전히 지우지 않는다고 해도, 우리가 문학 텍스트에 대해 이야기할 때 작가의 이름은 더 이상 실제의 그 사람을 가리키는 것이 아니라 작품이 수록된 책에 붙어 있는 꼬리표일 뿐이다. 즉, 도서관 서가에 '조이스'라는 분류표를 달고 꽂혀 있는 작품들의 모음이다. 실제로 아일랜드에서 태어나 더블린 거리를 진짜로 걸어 다녔고, 정말 유럽으로 망명했던 현실의 조이스가 여기에 있다고 생각하는 것은 어리석은 일이 되리라. 이 텍스트가 담고 있는 것은 실제 현실보다 많거나 적다. 조이스의 작품 속에 현실의 요소들이 없다는 말이 아니라, 작품의 일부로서 변형을 겪어서 더 이상 실제 세계의 어떤 양상들이 아니라는 뜻이다. 역사적·전기적 자료 정도로 문학을 취급하는 것은 텍스트와 현실의 차이를 완전히 무시하는 것이다.

이 이론을 따르는 비평가들은 아마도 이렇게 말할 것이다. 우리가 만약 텍스트 그 자체로부터 시작한다면, 다시 말해 작가나 독자의 심중에 있는 내용들이 텍스트 그 자체일 거라고 넘겨짚으면서 출발하지 않는다면, 우리는 작가만의 작품이나 독자만의 반응을 통해서가 아니라 다른 작가, 작품, 문화를 가로질러 반복되는 구조와 배열들을 발견하게 된다. 이 구조나 모형들은 작가의 의도나 독자에게 치우쳐서 존재하는 것이 아니기 때문에 객관적으로 분석될 수 있으며, 모든 창작과 독서 행위를 빚어내고 결정하면서 작가나 독자 모두의 바깥에 존재한다.

아마 블랑쇼의 입장은 앞서 이야기한 다른 입장들보다는 여기에 가까울 것이다. 그는 텍스트가 자율적이라고 확고하게 믿었다. 블랑쇼가 글을 쓰던 무렵 형식주의의 프랑스식 변형인 구조주의가 높은 인기를 누렸던 것도 사실이다. 그러나 모든 텍스트 안에 있는 공통의 틀을 증명하는 데에 초점을 맞춘 프랑스 인류학자 클로드 레비스트로스Claude Lévi-Strauss(1908~)와 비슷하게 텍스트를 구조주의적으로 이해했다고 해서 블랑쇼를 형식주의자로 부르는 것은 너무 단순한 해석이다. 구조주의는 서로 다른 예술 작품이 공유하는 것을 발견하려고 애쓴 일반론적 접근이기 때문이다.

이와 반대로 블랑쇼는 문학의 자율성을 언급하면서 작품의 완전한 개별성singularity을 이야기한다. 문학비평은 텍스트의 본질을 찾아내는 것이 아니라, 또 그 본질을 통해 문학의 일반 이론을 찾아내는 것이 아니라, 텍스트 하나하나에 고유한 윤곽과 흔적을 따라가는 것을 의무로 삼는다고 본 것이다. 블랑쇼가 로트레아몽Lautréamont(1846~1870)과 마르키 드 사드Marquis de Sade(1740~1814)의 작품을 논하면서 언급했듯이, 텍스트의 개별성을 추적하던 비평가는 어느새 텍스트 자체를 놓쳐 버리게 된다. "텍스트를 따라잡는 동시에 텍스트를 잃어버릴 수도 있다는 것을 경험하기 바란다."(LS 59)

비평의 목적은 텍스트를 투명하고 이해하기 쉽게 하는 것이 아니라, 더 어렵고 들여다보기 힘들게 만드는 것이다. 비평가는 그렇게 하기 위해 텍스트가 모든 해석을 벗어나는 것은 물론이고, 나아가 텍스트 그 자체가 텍스트를 설명해 준다는 생각까지도 뛰어넘는 것이 텍스트라는 점을 드러내야 한다. 텍스트를 이해해야 하지만 그이해가 제대로 이루어지지 않는다는 것도 보여 주어야만 하니, 블랑쇼는 비평가가 이중의 의무를 갖고 있다고 본 셈이다. 형식주의자나구조주의자의 입장에서 언어는 설명의 수단이다. 반면에 블랑쇼에게

러시아 형식주의에서 프랑스 구조주의까지 형식주의 비평 학파는 20세기 초반의 러시아에서 등장하였다. 이 학파는 문학 연구에 걸맞은 대상은 작품에 투영된 작가의 삶이나 독자가 속한 문화의 산물이 아니라 텍스트의 자율성이라고 강조하였다. 텍스트의 자율성은 일반 언어와 구분되는 문학 언어의 특별한 형식에 달려 있고, 여러 형식주의적인 연구들의 목표는 그 효과들을 기술하고 분석하는 것이다. 형식주의적방법론은 레비 스트로스의 연구를 통해 구조주의로 흡수되었고, 또스위스의 언어학자 페르디낭 드 소쉬르Ferdinand de Saussure(1857~1913)의 구조주의적 언어학과 깊은 관련을 맺고 있다. 구조주의는 담화의 약호들을 기술하여 특정한 사례보다는 언어 전체를 분석하는 것을 목표로 삼았으나, 형식주의와 달리 이 약호들이 사회적 맥락과 무관하다고 보지 않았다. 텍스트에 대한 구조주의적 이해의 목표는 텍스트가 무엇을 의미하는지를 증명하는 게 아니라 텍스트의 요소들이 다른 요소들과의 관계 속에서 어떻게 작동하느냐를 보여 주는 것이다. 문학 이론들 중에서 블랑쇼와 가장 가까워 보이는 것이 형식주의와 구조주의다. 그러나 주목해 보아야 할 분명한 차이가 있다. 블랑쇼는 문학 텍스트는 결국 작동해야만 하는 동시에 작동하지 않는다고 고집했던 것이다. 문학 텍스트는 텍스트의 전모를 밝히려고 애쓰는 그 어떤 해석도 넘어선다. 다른 문학 이론에 대해서도 그러했듯이, 블랑쇼는 형식주의나 구조주의를 직접 겨냥한 글을 남기지는 않았다. 하지만 문학 언어를 이해하는 블랑쇼만의 방식이나, 형식주의나 구조주의와의 유사성과 차이성을 살펴보고 싶다면 그의 에세이 「영도零度의 추구The Pursuit of the Zero」(BR 143-50)를 참고하는 것이 좋다.

문학 언어는 모든 해석의 장애가 된다. "문학은 분명히 비평의 대상
으로 남는다. 하지만 비평은 문학을 명백하게 드러내지 못한다."

블랑쇼의 반反 문학 이론

텍스트를 이해할 때 중요한 것은 작가의 원래 의도나 믿음, 독자의
주관적인 반응이 아니라 텍스트의 끈질긴 독립성이라는 말을 블랑쇼
는 초기의 에세이와 서평에서 여러 번 되풀이한다. 우리가 속한 이
세계에서 텍스트가 독립 혹은 '고립'되어 있다는 생각은 흥미롭다.

흔히들 문학을 접하면 일상 세계 속으로 텍스트를 끌어들여 내 느
낌과 의견에 동화시키려고 애쓰게 마련이다. 그래서 소설 속의 인물
들이 실제 사람들인 양, 우리처럼 느끼고 믿음을 갖고 있고 의견을
내놓으며 그들의 삶을 살아나가면서 결정을 내리고 선택을 한다고
생각하게 된다. 소설을 읽고 있다는 것은 잊어버린다. 텍스트를 현실
처럼 여기다 보면 소설 속의 현실이 그저 언어가 만들어 낸 환상이
라는 사실을 젖혀놓게 된다. 심지어 어떤 경우에는 문학을 마음을
달래거나 정신적 문제를 치료하는 수단으로 활용하기도 하는데, 아
마 최악은 그저 즐기고 마는 것으로 취급하는 것이겠다.

마찬가지로 텍스트를 저자의 삶과 동일시할 때, 우리는 텍스트의
낯설고 이해하기 힘든 면을 무시하려고 애쓰지 않는가? 저자가 혼란
스러운 느낌을 언어로 표현하는 재주를 가지긴 했지만 비슷한 걱정
과 비슷한 욕망을 품고 있는 우리와 같은 인간일 테니까 말이다. 문
학 텍스트를 소설의 인물이나 상황과 자신을 동일시하는 독자의 내

면생활이라고 생각하거나, 소설의 인물이나 상황은 그저 작가의 내면생활이 바깥으로 드러난 것이라고 치부하는 양쪽 모두, 독서 경험의 핵심이 우리와 삶을 떼어 놓는 언어에 있다는 사실을 잊고 있다. 우리 눈앞에 출현한 텍스트가 텍스트와 세계 사이에 열어 놓은 어떤 공간은 우리가 "베케트의 소설은 현대 생활의 공허함과 부조리에 대한 거야."라는 식으로 말할 때 닫혀 버린다. 언어를 일상적인 용법에서 분리시켜서 낯설게 하는 것이 문학의 본질이라는 점을 간과했기 때문이다.

> 시에서 우리는 더 이상 세계를, 피난처로서의 세계도, 목표로서의 세계도 뒤돌아보지 않는다. 언어에서 세계는 희미해지고 목표는 멈춘다. 세계는 침묵 속에 빠져든다. 선입견과 계획이 있고 행동하는 존재들은 궁극적으로는 더 이상 말하지 못한다. …… 그래서 언어는 세계에서 중요한 모든 것을 다 떠맡는다. 언어는 본질이 된다. 언어는 본질로서 말한다. 시인에게 떠맡겨진 말이 본질적 세계라고 불릴 수 있는 이유이다. (SL 41)

문학 언어는 의사소통에 필요한 언어와 다르다. 시든 소설이든 모든 개별 문학 텍스트는 자기만의 자율성을 가지기 때문에 일반론을 펼치면 그 표현의 독특성을 포착해 내지 못한다. 확실히 블랑쇼는 문학의 기준을, 『문학의 공간』에서 예술 작품의 '고독'이라 부른 개별성과 고립성에 두었다. (SL 21-2)

블랑쇼 문학비평의 독창성을 보여 주는 이런 특징이야말로 데리다를 비롯한 이후의 프랑스 비평 이론가들에게 막대한 영향을 끼친 부분이다. 형식주의나 구조주의 비평은 개별 예술 작품이 근거하고 있어서 한 작품을 다른 작품과 비교하는 수단이 되는 '본질'을 찾으려고 했고, 그 본질이 예술 작품의 자율성이라고 보았을지 모른다. 그러나 블랑쇼는 언어란 투명할 수 없으니 예술 작품의 자율성은 어떤 해석이나 정의를 만나도 나름의 저항을 하는 점에 있다고 생각했다. 다시 말하지만 블랑쇼는 문학을 정의할 수 없다고 말하지는 않았다. 그보다는 그런 정의들이 문학에서 없어서는 안 될 것을 놓치기가 쉽다고 한 것이다. 지식이 날로 쌓여 가더라도 극복될 수 없는, 알 수 없는 것이 문학에는 내재해 있다.

독서는 알지 못한다. 읽기 시작하면서 최초의 힘이 드러난다. 독서는 받아들이며 듣는 것이지, 판독하고 분석하는 힘이 아니며, 발전하여 나아가거나 폭로하여 되돌아가는 힘이 아니다. 엄밀하게 말하자면, 독서는 이해가 아니다. 그저 따라간다. 이 놀라운 무지無知.(IC 320)

텍스트의 저항과 '반反 문학 이론'

블랑쇼가 제시한 문학 이론이 있다면, 역설적이지만 '반反 문학 이론Anti-theory'이라고 해야 할 것이다. 모든 독서 경험은 그때마다 특유한 것이며, 텍스트는 특정한 해석으로 단언될 수 없다. 따라서 독서와 텍스트는 문학을 일반적으로 정의하려는 그 어떤 시도나 문학 이론들도 피해 나간다. 문학 텍스트를 일반적인 맥락 아래 붙들어 두려고 하거나, 그 '의미'를 저자·독자·텍스트에서 찾으려고 하는 문학 이론들과 달리, 블랑쇼는 문화적인 대상으로 다루었을 때 결코 포착해 낼 수 없는 텍스트의 어떤 부분이 약호화나 분류에 항상 저항하고, 그 저항이 독서 경험에서 가장 중요하다고 보았다. 텍스트의 저항을 이해하는 열쇠는 언어이다. 문학에서의 언어는 일상 언어의 쓰임새를 낯설게 하며, 문학 일반론을 펼치는 것으로는 텍스트가 표현하는 독특함을 잡아 낼 수가 없다.

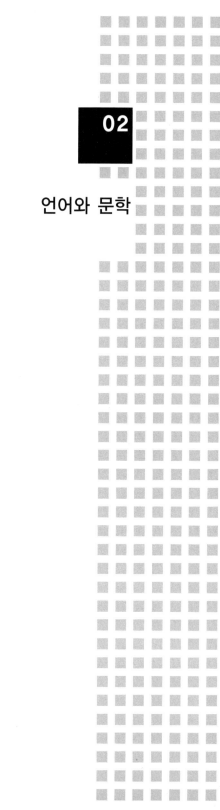

02

언어와 문학

문학 언어의 핵심에 자리한 무無

문학이 이해에 저항한다고 말하는 것만으로는 충분하지 않다. 왜 그러한지를 이야기해야 한다. 1장에서 언급한 「문학과 죽음에의 권리」라는 에세이는 블랑쇼의 반反 문학 이론을 이해하는 실마리가 되므로 아주 중요하다. 이 에세이는 블랑쇼가 여러 번 이야기한 언어와 부정성否定性의 관계를 다루었다.

문학 이론이 아니라 철학에서 유래한 부정성 개념은 낱말의 비현실성을 통해 사물의 현실성을 부정하는 언어의 힘을 잘 설명해 준다. 특히 독일 철학자 헤겔의 철학, 더 정확히 말하자면 러시아 출신의 철학자 알렉상드르 코제브Alexander Kojève(1902~1968)가 해석한 헤겔 철학이 블랑쇼가 부정성을 이야기하는 데 큰 영향을 끼쳤다. 코제브의 헤겔 해석은 블랑쇼의 문학관뿐만 아니라 당대 프랑스 지성계 전반에 자극을 주었다. 앞으로 보게 되겠지만, 블랑쇼는 이 헤겔식의 언어 개념을 프랑스 상징주의 시인인 말라르메의 언어와 시에 대한 언급들을 통해서 받아들였다.

이 장에서 우리는 우선 언어를 바라보는 일반적인 시각이 무엇인지 살펴본 후 이를 문학 언어의 특성과 비교해 볼 것이다. 블랑쇼는 일찍부터 문학 언어를 말들의 물질성(말의 소리, 형상, 리듬)이라는 관점에서 이해했다. 그가 문학 언어의 핵심에 자리한 무無를 명상하도록 나아가는 길을 열어 준 것은 헤겔의 부정성 개념이었다.

언어 정보 모델

우선 블랑쇼에게 아주 결정적인 영향을 끼친 시인 말라르메에게 초
점을 맞추어 보자. 말라르메의 시와 문학관은 언어의 본성에 대한

스테판 말라르메Stéphane Mallarmé   말라르메가 쓴 글을 다 합쳐도 책 한
권 분량밖에 되지 않지만, 현대 문학비평에 그가 행사한 영향력은
비교할 대상을 찾기가 힘들 정도이다. 롤랑 바르트, 미셸 푸코, 자
크 라캉, 자크 데리다 등은 그의 작품을 수도 없이 인용하였다. 말
라르메의 언어와 시에 대한 반성이 포스트모더니즘 문학 이론의 단
초가 되었다는 말은 과장이 아니다. 프랑스에서 중학교 영어 교사로
일한 그는 저녁이면 시를 썼고, 그의 유명한 '화요 저녁 모임'에 참
석한 시인들과 교류하였다. 이들은 '상징주의자'로 알려지게 되었다.
말라르메의 작품은 언어의 재현 기능과 대립하는 문학적 효과를 강
조하는 상징주의 스타일을 제대로 드러냈다고 볼 수 있다. 시집 『주
사위 던지기A Roll of the Dice』(1914)와 에세이 「시의 위기Crisis in
Poetry」(1897)는 말라르메의 가장 중요한 작품들이다. 『주사위 던지
기』에서 시의 활자 배열은 페이지 위에 적힌 낱말의 의미만큼이나
중요하다. 이 작품은 작가도 외부 세계도 지시하지 않으며, 쓰인
단어의 일시적인 현존만을 나타낸다. 아포리즘이 계속 꼬리를 무는
「시의 위기」에서 말라르메는 자신의 문학과 언어 이론을 난해하게
암시한다. 포스트모더니즘에서 말라르메를 중요시하는 이유는 그가
세계를 재현하는 언어의 힘과 대립하는 언어의 텍스트성을, 재현
그 자체가 거의 텍스트성의 결과로 보일 정도로까지 밀어붙였기 때
문이다.

반성을 중심으로 삼았다. 이 말은 그가 언어를 체계적으로 연구했거나 그 덕분에 후세 사람들이 결정적인 연구를 했다는 뜻이 아니다. 블랑쇼는 말라르메의 언어 관련 발언들을 언어학의 관점에서 이론으로 보아서는 안 된다고 강조한다. 언뜻 보면 '이론적'인 발언들도 그의 시만큼이나 직접적인 표현을 삼가고 있으며 불가해하다.(WF 29)

말라르메는 언어가 생각을 교환하는 매개라고 보는 상식적인 '언어 정보 모델'을 비판하였고, 블랑쇼도 여기에 동의한다. 언어 정보 모델에 따르면, 누군가 다른 이에게 말을 할 때 입에서 나오는 단어들은 마음속에 있는 생각이 음성으로 나온 것이다. 이 음성을 들은 이가 그 언어에 능숙한 사람이라면 다시 그 소리를 마음속의 생각으로 바꾸어 놓는다. 정보 교환이 제대로 이루어졌다면 말한 이와 들은 이의 마음속에 있는 생각은 똑같을 것이다. 그래서 말이 글로 쓰이면 쉽게 정보가 녹음·저장될 수 있으며, '받아쓰는' 일이 생각을 교환하는 언어의 기능에 전혀 변화를 주지 않는다고 가정한다면, 이후 읽어 보고 싶은 사람이 그 생각을 꺼내서 볼 수도 있게 된다. 이 모델을 문학에 적용시켜서 문학을 정보의 단순한 교환이라고 보아도 별 탈이 없어 보인다.

그러나 비록 이 모델이 언어를 아주 명확하게 설명해 주는 듯 보이더라도, 우리는 이 모델을 면밀히 따져보아야 한다. 언어 정보 모델에서 언어는 물질적 매개, 정신적 개념, 지시되는 사물이라는 세 요소로 구성된다. 이렇게 기본적인 구분을 하고 나면 언어의 정보 모델을 다음과 같이 어느 정도 정의할 수 있게 된다. 물질적 매개를 통해 한 사람에게서 다른 사람으로 정보를 전달하는 과정은 정신적인 개념이나 생각을 표현하며, 정신적 개념 혹은 생각은 세계 안에 있는 사물을 지칭한다. 간단히 말해 우리는 언어 정보 모델의 세 기본 요소를 낱말, 개념, 사물이라고 부를 수 있다.

일상 언어에서 이 세 요소들이 맺는 관계가 문학 언어에서도 동일할까? 블랑쇼가 우선 주목한 요소는 문학의 물질적 매개이다.

말의 물질성 : 정보 대 매개

언어 정보 모델에서, 모든 말이나 글은 그저 의미를 실어 나르는 수단이다. 이런 관점이 옳다면 우리가 언어에서 본질적인 부분이라고 생각하는 것들, 즉 음성의 어조든 페이지 위에 쓰인 낱말들의 형태이든 말 자체나 그 물질적 현존은 비본질적이다. 의미가 투명하게 전달되면서 의사소통이 이루어지는 것이 이 모델이 상정하는 이상적인 상태이다. 이때 낱말들은 사라져야 한다.

언어 정보 모델에는 투명한 소통이라는 이상理想이 실현되는 두 가지 형식이 있다. 하나는 사유의 내적 독백이다. 이때 의식은 어떤 외부의 매개 없이 제 자신과 직접 소통한다. 또 하나는 일상 언어의 혼란을 최소한으로 줄여 주는 순수한 기호이다. 언어 정보 모델을 옹호하는 이들이 보기에 낱말들은 정보의 장애물이다. 한 사람이 다른 사람에게 정보를 보낼 때 혼란과 무질서가 일어난다면, 말을 주고받는 이들의 의도가 아니라 낱말들 그 자체에 문제가 있다고 보아야 한다. 그러므로 이 관점에 따르자면 낱말들이 일으키는 최악의 결과를 막으려면 사람들이 매개 없이 소통해야 하고, 순수한 언어가 존재해야 한다.

물론 이것은 이상일 뿐이다. 좀 더 생각해 보면 문학을 이해하는 데 왜 언어 정보 모델이 어울리지 않는지를 금방 알게 된다. 이 모델은 문학의 의의가 걸려 있는 바로 그 부분을 없애려고 하기 때문이다. 낱말들 없이는 문학도 없다. 단순히 말이 없다면 문학이 더 이상 존재할 수 없다는 이유에서만은 아니다. 언어 정보 모델에서도 그 점은 마찬가지다. 무엇보다 문학에서 중요시하는 것은 말의 의미만이 아니라 정보라는 항목으로 축소할 수 없는 그 짜임새texture, 즉 리듬과 색채, 스타일이기 때문이다. 우리가 시를 감상하는 방식을 떠올려 보면 무슨 말인지 쉽게 이해할 수 있을 것이다.

실제 삶에서의 습관과 결정들이 일상 언어에서 모든 물질적 현실을 제거하는 효과를 낸다면, 시인은 일상 언어를 거부하리라. 시인은 언어에 그 본래 가치를 찾아 주려고 한다. 또 시인은 원래의 가치를 드러내고자 이를 무력하게 만드는 모든 것에서 언어를 떼어 놓으려고 한다. 시가 말에서 쓸모가 없는 어떤 것들로, 다시 말해 이미지, 운율, 리듬, 음절의 음조에 섬세하게 반응하는 것들로 채워져 있는 것이 사실이라면, 그렇게 존재하기를 원하는 언어의 부활이 노리는 것은 무엇일까?(FP 160)

이 글은 1943년에 출간된 에세이 「시와 언어Poetry and Language」에 실린 인용이다. 블랑쇼는 비평 활동 초반에 말의 물질성을 자주 강조하였다. 이 인용이 블랑쇼가 생각한 문학 언어와 일상 언어의 차이를 다 담고 있지는 않지만, 그가 마지막에 던진 질문은 그의 후기 저술을 이끌어가는 힘이 된다. 더 이상 그저 정보의 표현에 머무르지 않는다면 언어는 무엇을 겨냥하는가?

말라르메는 시장에서 거래하는 일에 언어의 일상 용법을 견준 적이 있다. 여기에 블랑쇼는 주목한다.(SL 39) 물건을 구입하면서 돈을 내듯이 일상 언어에서의 말은 다른 무언가를 대신하는 기능을 수행하면서 사라진다. 반대로 문학에서 가장 본질적인 것은 정보 교환에서 하찮게 취급되는, 낱말의 물질적 현존이다. 책을 읽을 때 말들은 사라지는 게 아니라 고스란히 남는다.

블랑쇼는 단지 낱말의 물질적 현존에 주목하게 하려고 문학 언어와 정보 언어의 차이를 강조한 것이 아니다. 블랑쇼가 그 차이를 강조하면서 낱말과, 낱말이 표현할 의미 사이의 관계를 변화시키는 방식에 주의해 보자. 문학이 정보로 간주된다면 한 사람에게서 다른 사람에게 전해지는 의미의 투명성에 모든 게 달려 있다. 반면에 블랑쇼가 점차 그저 '글쓰기'라고만 부르게 된 문학에서 언어는 정보가 아니라 매개이다. 이 점이 중요하다. 매개는 정보에 저항하고, 끼어들고, 정보를 지연시킨다. 문학은 작가의 의도나 문화적 의미 같은 외부적인 것을 실어 나르는 데 머무르지 않는다. 모더니즘을 가리켜 문학으로의 회귀라고도 하듯이, 문학을 이렇게 보는 태도는 문학으로의 회귀라고 부를 수 있다. 블랑쇼는 말라르메가 후기 시적 실험에서 이 부분을 잘 보여 주었다고 지적한다. 「주사위 던지기」(1914) 같은 시에서 본질적인 시적 효과에 해당하는 것은 시의 타이포그래피다.

그래서 블랑쇼는 단순히 '정보를 주고받는 것'이 문학이라고 보지 않았다. 안타깝게도 많은 사람들이 이 함정에 빠진다. 소설이나 시를 그 형식은 전혀 중요하지 않은 심리학·역사학 자료처럼 읽는 경우가 많다. 어쩌다 작품의 형식에 주목한다고 해도 또다시 형식을 어떤 의미로 환원해 버린다. 블랑쇼가 문학이 의미를 갖지 않는다고 생각했다는 말은 아니다. 우리는 텍스트를 항상 해석할 수 있지 않은가. 그러나 언제나 문학이란 우리 세계를 그저 언급하는 것 이상이다.

지금까지 우리는 블랑쇼의 소극적인 입장, 즉 일상 언어를 이해하는 방식으로 문학에 접근하면 안 된다는 견해만 다루었다. 다음 장에서는 블랑쇼가 어떻게 문학을 적극적으로 설명하는지 살펴볼 것이다. 그러려면 블랑쇼를 이해하는 열쇠가 되는 에세이 「문학과 죽음에의 권리」에서 펼쳐지는 문학에 관한 명상을 숙고해 보아야 한다.

블랑쇼는 부정성으로 언어를 이해한 말라르메에게서 영감을 얻었다. 하지만 말라르메 자신은 이런 생각을 헤겔을 통해서 배웠으니 블랑쇼는 「문학과 죽음에의 권리」에서 당연히 헤겔을 중시한다. 원래 헤겔에게서 나온 사유는 말라르메와 블랑쇼를 거치면서 특이한 변형을 겪었다. 부정성이 사물의 현실성을 부정하는 개념의 기능을 설명해 준다는 이유로, 헤겔은 부정성이 언어의 본질이라고 생각했다.(이 주장은 '부정성'의 의미를 더 자세하게 살펴볼 3장에서 중요하게 다루어진다.) 그러나 블랑쇼와 말라르메에게, 개념concept의 부재를 관념idea의 현존이 채워 놓는 이 부정성은 충분히 부정적이지 않았다. 만약 언어가 부정이라면, 그 기묘한 힘을 완전히 구현하는 것은 사물의 실재와 관념의 현존을 모두 부정하는 문학이다. 말하자면 문학은 이중 부재이다. 이 문제는 블랑쇼의 반反 문학 이론에서 가장 불명확한 부분이다. 우선 말라르메와 블랑쇼가 언어의 부재를 대략 어떻게 이해했는지, 그리고 특히 언어의 부재가 문학에서 어떻게 그 극단을 드러내는지를 살펴보도록 하자.

부정과 언어의 부재

말라르메와 블랑쇼 둘 다 부정은 언어에서 기본적인 것이라고 본다. 언어는 소통하는 순간에 사물의 실재를 부정하면서 그 사물에 대한 관념을 소통하게 해 준다. 「문학과 죽음에의 권리」에서 블랑쇼는 '그녀'라고 말할 때를 예로 든다.

　'그녀'라고 말을 해 본다. 횔덜린, 말라르메, 그리고 시의 본질을 주제로 삼은 모든 시인들은 이름 짓기가 으스스하게 떨리는 불가사의한 행위라고 느꼈다. 어떤 말이 내게 그 의미를 전해 주더라도, 그보다 앞서 말은 의미를 억누른다. 나는 '그녀'라고 말할 수는 있다. 그러나 나는 그녀에게서 살과 피로 이루어진 현실을 얼마간 빼앗아 와야 한다. 그녀가 부재하니까, 그녀를 소멸시키니까. (WF 322)

　언어는 실제 여인의 개성을 지워서 '그녀'라는 의미를 소통시킨다. 내가 그녀를 가리키며 '그녀'라고 할 때도 사정은 다르지 않아서, 같은 말이 저기 서 있는 그녀를 의미할 수도 있고 어느 다른 여성을 의미할 수도 있다. 내가 쓰는 어떤 말이라도 마찬가지다. '나무'라는 말은 내 정원에서 자라고 있는 나무와 같지 않다. 하지만 어느 또 다른 나무와도 같지 않다. 나무라는 관념을 위해 모든 특정한 실제 나무들은 부정된다. 언어의 본질적 특성은 추상 능력에 있다. 다시 말해 사물의 실재와 거리를 두는 것이다. 블랑쇼와 말라르메는 이 거리야 말로 실제의, 개별적인, 구체적인 사물을 그 개념을 위해서 부정하는 언어의 힘이라고 보았다. 블랑쇼는 언어를 놓고 "말은 재현만이 아니라 파괴하는 역할도 한다. 말은 사라지게 만들고, 대상을 부재하게 하며 소멸시킨다."라고 썼다.(WF 30)

언어 정보 모델은 언어의 본질을 잊게 만든다. 어떤 의미가 표현되기도 전에 언어는 대상에서 떨어져 나온다는 점을 놓치는 것이다. 사물들을 말할 때 우리는 이미 사물의 직접성을 지워 버린다. 우리는 언어의 부재 안에서 지연된다. 그리고 이 지연은 언어가 언어적 현실 바깥extra-linguistic reality에서는 안정성을 갖지 못하게 한다. '나무'라는 말은 그저 이 나무나 저 나무를 의미하는 것이 아니다. '나무'라는 말은 현실에서 스스로 물러나 있기 때문이다. 그러니 나무의 관념은 창조되던 순간을 잊어버린 시적 파편이다.

블랑쇼와 말라르메에 따르면, 언어의 부재는 그 낱말이 표현하는 관념이나 개념에 의해 감춰진다. 이렇게 되면 낱말들은 자기가 부정했던 사물에게로 되돌아간다. 사물이 사라진 자리는 관념이 대신하며, 관념은 원래 부정되었던 사물만큼이나 안정성과 지속성을 갖는다. 사실 철학적으로 말하자면 사물은 언제나 변화하고 대체될 수있으므로 관념은 사물보다 훨씬 영구적이다. 따라서 개념은 사물의 대체물이라고 정의할 수 있다. 우선 말이 사물을 부정하고 나면 개념은 사물을 대체한다. 개념은 사물의 대체물 혹은 재현으로서, 사물의 직접성을 부정하려는 언어의 힘이 뒤에 남겨둔 부재를 채운다.

언어에 속하는 것은 실제 사물 그 자체가 아니라 사물의 개념 혹은 관념이다. 개념의 현존이 사물의 부재를 대체하는 한, 언어의 파괴적인 힘은 긍정적인 역할을 한다.

문학의 이중 부재

그러나 문학작품에 들어 있는 낱말들은 언어의 부정성을 개념의 긍정성으로 바꿔 놓지 않으며, 고집스럽게 언어의 부정성을 유지하고 지킨다. 블랑쇼는 이때의 부정성을 가리켜 문학작품의 무용성 혹은 '무위無爲 · worklessness(désœuvrement)'라고 부른다. 언어를 부정성으로 이해하면 정보 교환보다 문학이 언어의 본질에 더 가까운 이유를 알 수 있다. 정보 교환은 부재를 숨기지만, 문학은 우리가 부재를 부재로서 체험하라고 요구하기 때문이다. 문학에 쓰인 낱말들에서는 사물의 실재뿐만 아니라 낱말이 지시하는 개념 역시 부정된다. 일상 어법에서 '고양이'는 고양이라는 관념을 의미할 뿐이지만, 문학에서는 말한 그대로를 의미하지 않는다.

당신이 고양이에게 이름을 붙여 주고 싶어 한다고 치자. 이름을 붙이면 고양이는 고양이가 아니다. 존재하기를 멈춘 고양이는 살아있는 고양이가 아니다. 그러나 이 말은 고양이가 강아지가 된다든가, 강아지 아닌 것이 된다는 뜻은 아니다. 일상 언어와 문학 언어의 기본적인 차이가 여기에 있다. 일단 고양이의 비존재가 언어화되고 나면, 고양이 자체는 관념(존재)과 의미라는 형식을 통해 완전하고 확실하게 다시 드러난다. (WF 325)

문학에서 어떤 낱말이 지시하는 것이 더 이상 특정한 사물이 아니라면 도대체 무엇을 지시한다는 것인가? 블랑쇼는 '다른 낱말들'이라고 답한다. 단어와 단어의 연결은 마지막에 궁극적인 대상이나 의미를 가리키면서 끝나지 않는다. 언어의 중심에는 부재가 있다. 이를테면 말라르메의 유명한 시 「yx 각운의 소네트sonnet in yx」(1887)는 연인의 손톱을 노래하는 것처럼 보이나 'yx'로 끝나는 낱말들이 이루는 각운이야말로 이 시에 있을 줄 알았던 내용을 대신한다.

이 낱말들은 더 이상 어떤 사물이나 개념을 지시하지 않는 연약한 현존을, 사물과 개념의 부재인 금방이라도 무너질 듯한 현존을 가지게 된다. "이 텍스트는 이런저런 의미를 가지고 있어."라고 말할 때 사실 우리는 부재를 회피하고 있는 것이다. 이 부재는 아주 단단하면서도 연약한, 낱말의 현존이다. 낱말은 글쓰기의 요구에 따라, 작가의 표현 형식을 따라, 그 물질성과 비실재성을 동시에 보여 주면서 끊임없이 다시 만들어진다. 문학이 이해에 저항하는 근원은 여기에 있다. 한 낱말이 텍스트 바깥의 어떤 관념이 아니라 또 다른 낱말들에 연결된다면 우리에게 남겨진 것은 어떤 정보들이 아니라 단일한 해석으로 정리할 수가 없을 정도로 무한히 바뀌는 의미다. 블랑쇼는 의미의 변화를 가리켜, 낱말이 개념이라는 파괴적인 힘에 얽매이지 않게 될 때 가지게 되는 힘이라고 설명한다.

잘 알려져 있듯이 낱말들은 사물을 사라지게 하는 힘을 가지고 있다. …… 그러나 낱말들은 부재의 한복판에서 사물들이 '되살아나도록' 만드는 힘을 가진 부재의 지배자이다. 또한 낱말들은 자기를 사라지게 하는 힘을 가지고 있다. 스스로 실현시킨 총체성totality 안에서 존재하지 않게 되는 놀라운 힘이 있는 것이다. 낱말들은 무효가 되면서 총체성을 주장하며, 끊임없이 그 낱말 자체를 파괴해서 영원히 총체성을 성취해 낸다.(SL 43)

지금까지 확실해 보였던 현실을 말들끼리의 끝없는 연결이 대신한다. 이 연결 속에서는 한 단어가 또 다른 단어를 지시하는 일이 계속되며, 인식할 수 있을만한 현실을 가리킬 개념들의 총체성이나 복합체complex를 구성할 수 없다. 우리가 소설이나 시의 우주 혹은 세계에 대해 말해 볼 수야 있겠으나, 이 우주나 세계는 우리가 살아가고 존재하는 세계나 우주가 아니라 그 작품 자체의 세계이고 우주이며, 우리가 속한 이 세계와 달리 무한하게 열려 있고, 영원히 불만족스럽게 남는 끝없는 해석으로 우리를 이끄는 것이다. 블랑쇼의 두 번째 소설 『알 수 없는 자, 토마Thomas the Obscure』의 개정판에는 이런 구절이 있다. 토마가 제 방에서 책을 펼쳐 어떤 페이지를 읽는 장면이다. 이 구절은 낱말들이 사물을 그려 내는 기능에서 풀려날 때 일어나는 결과를 생생하고 힘차게 그려 낸다.

그는 언어가 살아 있는 생명체처럼 자신을 지켜보고 있다는 낯선 느낌이 들었다. 단순히 한 낱말이 아니라 그 낱말 속에 있는 모든 말들이, 그 낱말을 따르면서 다른 낱말들을 포함하는 모든 말들이, 절대자의 눈에 홀려 끝없이 늘어선 천사들처럼 그를 바라보고 있었다.(TO 25)

지시나 참조의 기능에 얽매이지 않는 낱말들의 무한한 연쇄는 낱말이 사물이 아니라 제 자신에게 돌아올 때 일어나며, 문학의 중심에 있다. 블랑쇼는 그 연쇄를 '아무도 말하지 못한 언어'라는 이미지로 제시하려고 한다. 그가 글쓰기의 요구나 작품의 무위無爲라고 부른 이 '끝도 한도 없는 속삭임'(SL 48)은 특정한 개념이나 의미에 종속시키려는 그 어떤 시도에도 저항한다. 문학 텍스트의 중심에 의미가 없다는 말은 문학에 의미나 법칙이 없다는 헛소리가 아니다. 지식을 많이 쌓으면 문학 텍스트의 중심에 가 닿을 수 있을까? 우리는 아는 것이 너무 없어서 텍스트를 이해하지 못하는 것이 아니다. 오히려 이해에 대한 텍스트의 저항은 원래부터 독서 경험에 속한다.

문학에서 사물과 개념이 이중으로 부재한다는 블랑쇼의 논의는 그가 분명한 반리얼리즘적 입장을 고수했음을 뜻한다. 그는 이렇게 썼다. "시는 물질적 대상들의 호소에 반응하지 않는다. 이름을 지어 주어 이들을 보존하는 것이 시의 기능은 아니다."(SS 228) 반대로 리얼리즘은 문학을 우리가 살고 있는 세계의 재현으로 본다. 소설 속의 장소는 우리가 사는 곳과 완전히 같은 곳으로 간주된다. 등장인물들은 우리 주위 사람들같이 자기만의 감정, 욕망, 불행을 갖고 있는 것처럼 보인다. 그러나 언어가 자기만의 세계를 위해 실제 세계를 부정하는 힘을 가지고 있다면, 그리고 문학이 언어의 힘을 최대한 발휘한다면, 어떤 소설이나 시도 그저 세계의 묘사, 모방, 반영일 수는 없다. 개념 너머로 나아가는 낱말들의 매혹적인 힘은 그 이중성과 은폐성에서 온다. 소설이나 시에는 현실적 요소도 없고 현실 세계와도 아무 상관이 없다는 식으로 받아들이면 곤란하다. 오히려 블랑쇼는 문학에 두 가지 측면이 있다고 말한다. 한쪽으로는 현실적 내용이 있다. 그래서 사람들은 그 내용이 사회적 세계에 속한 것처럼 해석할 수 있다. 다른 쪽으로는 문학 언어 자체의 순수성이 있다. 이 순수성은 일상 언어에 갇히지 않으려고 제 자신에게 되돌아간다.

문학은 두 가지 면으로 나뉜다. …… 한쪽은 의미로 가득 찬 산문이다. 산문은 언어로 사물들을 표현하는 것을 목표로 하며, 산문의 언어는 사물들을 그 의미에 따라 지시한다. …… 하지만 언어가 이렇게 쓰였다 할지라도 언젠가는, 예술이 일상의 말들은 불충분하다고 느끼고 폐기해 버리는 순간이 온다. 왜 예술은 일상 언어를 못마땅해 하는가? 예술은 의미를 갖고 있지 않기 때문이다. 예술은, 어떤 사물이 부재를 거쳐서 어떤 단어와 연결되었는데도 그 사물이 그 단어 속에 온전히 존재하리라고 믿는 것이 바보짓이라고 생각한다. 그래서 예술은 이 부재 자체를 다시 잡아내고 이해를 향한 끝없는 운동을 재현할 수 있는 언어를 찾아 모험을 떠난다.(WF 332-3)

책이란 무엇인가? 물론 어떻게 보면 잉크와 펜으로 만들어진 것에 불과하며, 내가 이 세계에서 매일매일 겪는 일상 경험의 일부이다. 나는 도서관과 서점에서 책을 구해서 책상 위에 올려놓는다. 내가 책을 집어 들어 책장을 펼치고 읽기 시작할 때 무슨 일이 일어나는가? 내가 들어간 세계는 무엇일까? 여전히 이전과 동일한 친숙한 세계일까? 내가 읽고 있는 책은 언뜻 보기에 이 세상에 속한다. 나는 장부에 숫자를 기록하듯이 내가 읽었던 다른 책들에 이 책을 더해서, '교양 있는' 사람이 될 수 있다. 또 나는 내가 읽었던 책들에 관한 책들을 읽을 수 있으며 점점 더 지식을 쌓을 수 있다. 그럼 나는 교양 있는 사람일 뿐만 아니라 전문가가 된다. 그러나 블랑쇼가 '작품work'이라고 부른 책의 다른 측면은 이 관습화된 세계에 속하지 않는다. 도통 이해할 수가 없는 작품을 접하는 것은 기이한 체험이다. 문학의 '작품'으로서의 측면은 책의 다른 부분, 즉 교양과는 달리 작품의 침투 불가능한 본질을 번역해 줄 만한 개념을 가지고 있지 않다. 그러니 여기에서는 일반적으로 겪는 문학 체험이란 없다.

우리는 작품이 어떤 것을 재현했으면 좋겠다고 생각한다. 우리는 작품이 무언가 의미하기를 바란다. 그래서 우리는 "카프카의 『성』에 나오는 성의 형상은 절대자의 상징이죠." 같은 설명을 듣게 되면 좋아한다. '고양이'가 그저 고양이를 의미하는 개념의 기능과, 문학에서 이미지가 수행하는 기능이 같은 것처럼 생각하기 때문이다. 작가 사후인 1926년에 출판된 『성』의 서사는 끝없이 성을 찾아 헤매는 K라는 인물을 중심으로 한다. 그러나 다른 소설들과 마찬가지로 이 소설도 이런 설명으로는 이해하기 어렵거나 심지어 전혀 이해할 수 없다. 여기서의 '이해'가 확고부동한 의미를 만들어내는 것이라면 말이다. 블랑쇼가 썼듯이, 『성』은 이 소설에 대한 "모든 해석을 합친 것보다 무한하게 넘쳐나는 동시에 모든 해석에 항상 미달하는"(IC 395) 작품이다. 이 소설에 나오는 '성'은 '작품은 무엇을 의미하는가?'라는 질문에 대한 대답이 될 수 있을 듯하다. '성'이 작품에 통일성을 부여해 주는 형상이라고 우기는 것은 적절하지 않다. 성이라는 형상은 의미가 뿔뿔이 흩어지는 지점이며 의미 부재의 체험이다. 이 소설의 중심은 성이지만, K가 성으로 다가갈수록 성이 어디론가 물러나는 것처럼 (성은 가까이에서 보면 아무렇게나 지은 마을 건물들을 모아놓은 것에 지나지 않는다.) 독자가 작품을 파고들수록 작품의 중심은 멀어져 간다.

'부정의 언어', 문학 언어

블랑쇼의 반反 문학 이론을 이해하는 열쇠는 언어이다. 널리 알려진 언어의 정보 모델에 따르면, 정보는 말을 통해 한 사람에게서 다른 이에게 전달되며, 이 말은 개념을 표현하고, 개념은 세계 속에 있는 어떤 사물을 지시한다. 여기서 매개인 언어는 정보에 종속된다. 그러나 문학에서는, 아니면 블랑쇼가 말하는 글쓰기에서는 매개가 정보에 저항하거나 훼방을 놓는다. 언어의 소리, 짜임새, 리듬이 그 의미보다 우선하기 때문이다. 문학에서 중요한 것은 언어가 표현하는 대상이 아니라 언어 자체이다.

말라르메는 이러한 생각에 큰 영향을 끼쳤으며, 블랑쇼는 여기에서 한 발자국 더 나아갔다. 문학에서 언어가 변형된다는 생각에 그치지 않고 그 중심에 놓인 부정과 부재를 강조했던 것이다. 정보 전달을 위한 '일상적인' 언어의 용법에서 말은 실제의 사물을 부정하지만 그 사물의 개념을 지시하여 부재를 감춘다. 그래서 언어의 파괴적인 힘은 긍정적인 것으로 변화한다. 그러나 문학에서의 언어는 개념과 사물을 모두 부정하여, 우리가 부재를 부재로 경험하기를 요구하면서 언어의 부정성을 유지한다. 블랑쇼는 문학에서의 언어가 세계를 재현하는 언어의 기능에서 놓여나서, 다른 말들과의 내적 연결을 통해 자기의 세계를 창조한다고 했다. 그런데도 문학 언어가 이룩한 세계의 핵심에는 근본적으로 일시성이 있다. 안정적인 의미를 선사하는 외부의 현실이 없기 때문이다. 부재는 텍스트를 해석하라고 우리를 채근하면서, 단 한 번의 설명에 만족해 텍스트를 저리 치워 버리지 않게 해 준다.

03

죽음과 철학

블랑쇼에게 이르는 우회로 '죽음'

3장은 블랑쇼를 깊이 알려면 꼭 거쳐 가야 하는 우회로이다. 그의 글들을 관통하면서 언어, 문학, 철학을 깊숙이 사유하게 한 주제는 죽음이다. 그는 죽음을 끊임없이 성찰하였기 때문에 서구 철학 전통을 받아들인 것이지 철학 전통을 따라서 죽음에 접근한 것이 아니지만, 죽음은 철학과 그를 가장 직접적으로 연결해 주는 것이니 우선 이 철학 사상 자체를 살펴보아야 한다.

죽음 개념은 철학의 태동에서부터 중요한 역할을 해 왔으나, 블랑쇼의 죽음 논의는 우리가 앞서 살펴본 헤겔이나 20세기의 가장 독창적이고 영향력 있는 철학자 중 하나인 마르틴 하이데거Martin Heidegger (1889~1976)의 사상과 주로 관련되어 있다. 블랑쇼의 글에서 특별한 위치를 차지하는 이 두 철학자 중에서 헤겔은 철학의 핵심 개념으로 죽음을 제시했다. 반면에 하이데거는 죽음을 향한 존재라는 인간의 특성을 지렛대로 삼아 죽음이 이성의 힘에 달려 있다고 믿어 온 철학 전통을 전복하려고 하였다.

그래서 3장은 세 부분으로 나뉜다. 우선 철학에서 죽음이 갖는 일반적인 의미를 살펴본 후에 헤겔과 하이데거의 죽음 개념을 차례대로 다루어 본다. 이번 장의 개관은 블랑쇼가 철학적 정의들과 자기 입장을 어떻게 구분하는지를 살펴볼 다음 장에도 도움이 될 것이다.

죽음에 대해 가장 수준 높은 철학적 접근을 보여 준 헤겔의 경우나 헤겔의 논의를 되물림하려고 한 하이데거의 시도 둘 다 죽음에 대한 철학적 정의라고 할 수 있을 것이니, 이 논의를 통해서 블랑쇼의 사유가 철학과 어떤 차이를 보이는지를 분명히 하려고 한다.

블랑쇼는 문학 이론의 틀에 갇히기보다는 철학을 통해 문학이 무엇인지 살피려 한 사람이지만, 그렇다고 해서 문학의 가능성에 대해 쓴 철학자라고는 할 수 없다. 그는 문학이 철학적 질문이라고 여기지 않았다. 문학은 철학에 문제를 제기한다고 본 것이다.

철학자에게 죽음이란

추상적인 말이지만, 모든 생명체에게 삶과 죽음은 대립한다. 모든 삶은 탄생과 죽음을 양 끝의 경계로 한다. 그러나 여타 생명체와는 달리 인간에게 삶과 죽음의 대립은 추상적이지 않고 구체적이다. 달리 말하자면 인간은 죽음에 대해 알고 있으며, 이 앎이 삶에 구체적인 충격을 준다. 철학자들은 삶·의식·진리와 죽음 사이에 본질적인 관계가 있다고 항상 주장해 왔다.

지상에서 육화된 영혼의 존재가 삶이라고 했던 그리스 철학자 플라톤Plato(기원전 427~347)에 따르면, 현상의 덧없는 부분이 삶이고, 죽음은 변치 않는 영역이다. 즉, 사물들의 전혀 변하지 않는 본질이 죽음인 것이다. 현상의 세계에서 모든 것은 계속 변하며, 따라서 아무것도 그대로 남지 못한다. 반면에 죽음 안에서 모든 것은 영원히 동일하게 남으니 죽음은 진리가 지배하는 곳으로 들어서는 일이다.

많은 사람들이 완전히 시간의 흐름과는 분리된 영원한 형벌을 믿는 것이 그 좋은 예이다. 기독교를 비롯한 여러 종교들은 이런 생각을 받아들여 진리란 신성하고 영원한 것이라고 보면서도, 진리와의 '맞대면'은 인간에게 죽음과 같다고 이해하였다. 결론적으로 플라톤은 인간의 특수성은 반은 짐승이고 반은 신이라는 점에 있다고 주장하였다. 그 절반의 신성은 인간이 죽음에 대해 아는 것이 진리에 가까워지는 길이라고 믿으면서 죽음과 의식적으로 관계 맺는 데서 나온다.

플라톤은 그의 대화편 중 하나인 『파이돈Phaedo』에서 자기의 죽음을 인식한다는 것이 무엇을 뜻하는지 논하였다. 이 대화편은 그의 스승인 소크라테스가 아테네의 젊은이들을 타락시켰다는 죄목으로 사형선고를 받아 독배를 들이키는 날을 배경으로 하고 있다. 소크라테스는 가까운 친구들에게 철학자는 죽음을 통해 철학을 향유한다고 이야기한다.

그는 철학이란 죽어가는 것과 죽어 있다는 것을 공부하는 일이라고 주장하면서 사람들은 대부분 죽음이라는 관념의 중요성을 깨닫지 못하고 있으므로 무슨 말인지 잘 알아듣지 못할 것이라고 설명한다. 추상적으로 삶의 끝이 죽음이라고 생각하고 마는 일반 사람들은 죽음과 철학의 관계를 이해할 수가 없다. 그들이 아는 죽음은 짐승들의 죽음일 뿐이므로 결국 그들은 짐승의 삶에 머물러, 인간으로서의 가능성을 실현하지 못하게 될 것이다.

그렇다면 철학자가 추구하는 다른 식의 죽음이란 무엇일까? 플라톤에 따르면, 눈앞의 의자를 쳐다보든 머나먼 별을 올려다보든 우리 삶의 모든 순간이 죽음과 관계 맺고 있다는 사실을 깨달아야 철학적 진리에 접근하는 길이 열린다. 죽음과 연결되지 않으면 우리는 그 무엇과도 관계를 맺을 수 없다. 결국 우리 세계의 가능성은 죽음을 통해서만 향유할 수 있는 특별한 관계에 기대고 있다. 인식의 세계에서 모든 것은 끊임없는 변화와 유동의 상태에 있으며, 그래서 어떤 분명한 것이 나타나기란 불가능하다는 것이 이 주장의 전제이다.

죽음 이전에도 이후에도 존재하는 진정한 세계 속에서 영원히 변함없는 개별적 존재를 마음속에 떠올릴 수 있는 것은 인간뿐이다. 그 때문에 인간은 자신이 지각한 덧없는 이미지에 플라톤이 '이데아 idea' 혹은 '형상form'이라고 부른 안전한 이미지를 덮어씌워 이 세계 속에서 무엇인가를 의미화할 수 있다. 달리 말하자면 우리는 죽음과 관계 맺어야만 스스로를 현재 삶의 '바깥'에 놓을 수가 있으며, 그래야만 세계를 향해 '객관적'이고 '이론적'인 자세를 취할 수 있다.

인간 존재가 지니는 가장 큰 특징은 우리의 현재 환경을 뛰어넘는 능력, 철학자들이 초월이라고 부른 능력이다. 초월은 한 영역에서 다른 영역으로 '뛰어넘는' 것을 뜻한다. 세계에 대한 모든 지식은 현존의 제한을 부정하여 그 한계를 뛰어넘는 초월 능력에 기대고 있다. 그러므로 의식의 힘으로 인간은 삶이라는 영역의 한계를 '뛰어넘으며' 죽음의 신성한 지배에 다가간다. 삶을 초월하는 진리와의 관계를 기술한다는 점에서 철학자가 말하는 죽음은 자연적 사실로서의 죽음과 동일하지 않다. 인간이 죽음을 고민할 수 있다는 사실만이 아니라, 죽음과의 관계가 인간의 실존 전체, 인간의 감수성까지도 규정한다는 것이 중요하다. 그래서 인간은 그저 죽는 동물의 죽음과는 다른 죽음을 안다. '인간은 죽음을 안다'는 말은 죽음과 특별한 관계를 맺는 인간은 무엇이든 알 수 있다고 말하는 것과 다름없다. 혹은 블랑쇼가 말했듯이 "우리가 죽는다고 생각하는 한 죽음과 사유는 가까이에 있다. 우리가 죽어가고 있다면, 생각은 우리를 떠난다. 모든 사유는 죽음에 이른다. 모든 사유는 최후의 사유이다."(SNB 7) 따라서 죽음과의 관계는 실존과 지식의 본질을 결정짓는다.

죽음과 인간의 특별한 관계를 보여 주는 또 다른 예는 프랑스의 철학자이자 소설가인 알베르 카뮈Albert Camus(1913~1960)의 『시지프 신화The Myth of Sisyphus』에서 찾을 수 있다. 블랑쇼의 『무한한 대화 Infinite Conversation』(1969)에는 죽음을 극복하려는 철학자의 전형적인 예가 카뮈의 시지프 이야기라고 보는 대목이 나온다.(IC 176-81)

시지프 신화는 죽음에서 벗어나 영원한 삶을 얻고자 신들을 속이는 이야기다. 시지프는 지하 세계로 끌려가게 되자 자신이 죽으면 땅에 묻지도 말고 장례를 치르지도 말라고 아내 메로페에게 일러둔다. 마침내 전쟁의 신 아레스가 나타나 시지프의 목숨을 빼앗고, 시지프는 지하 세계로 내려간다. 죽음의 신인 타나토스는 메로페가 감히 장례도 치르지 않는 것에 격노하여 아내를 벌하라며 시지프를 인간 세계로 되돌려 보낸다. 시지프는 돌아와 아내를 벌하기는커녕 타나토스를 무시하고 몇 년이고 더 이승에 머물렀으니 그의 계획은 성공을 거둔 셈이다. 그러나 이 이야기의 가장 중요한 부분은 그가 맞은 최후의 죽음에서 드러난다. 시지프가 결국 지하 세계로 오게 되자, 타나토스는 불복종의 대가로 돌을 산 위로 밀어 올리는 형벌을 내린다. 벼랑에 닿을라치면 돌이 산 아래로 굴러 떨어져 처음부터 다시 밀어 올려야 한다. 이 일을 영원토록 반복하는 것이 그가 받은 형벌이다.

아무 쓸모없는 시지프의 임무는 대충 정해진 일과를 되풀이 하는 삶의 이미지와 다를 바 없다. 일상 업무들처럼 그런 일은 별다른 의미가 없고 그래서 항상 다시 반복된다. 선생이 되려고 영문학을 배운 아이가 이제 선생이 되려고 영문학을 배우는 아이에게 영문학을 가르치는 것처럼, 시지프는 자기의 과업을 자꾸 되풀이한다. 신들은 뭔가 묘한 오해를 했는지 시지프스에게 벌을 내렸다고 생각하지만, 사실 그들이 준 것은 말 그대로 영원한 삶이었다. 시지프스가 한 번 더 신들을 속였다고 치자. 그렇다면 그가 행복하리라 생각하는 것도 무리는 아니라고 카뮈는 결론짓는다.

이 신화는 죽음과 인간의 관계를 보여 준다. 시지프스는 죽음과 얽혀서만이 삶을 얻을 수가 있었다. 영원한 진짜 '삶'을 위해 지상에서 삶을 선택하는 것마저도 죽음을 겨냥한 초월이 알게 해 준 지식을 써먹어야 가능하다. 그러니 죽음과의 관계는 그저 이론적인 인식 대상이 아니다. 우리는 이 관계를 적극적으로 찾아내고 발전시켜야 하며 그런 의미에서 죽음을 배워야 한다.

따라서 죽어가는 것과 죽은 것을 탐구하는 일은 완전한 삶의 추구를 의미한다. 블랑쇼가 논했던 라이너 마리아 릴케Rainer Maria Rilke(1875~1926)의 『말테의 수기Malte Laurids Brigge』(1910)에서 주인공은, 자신에게 가장 적절한 죽음이란 어떤 것일까를 별로 꿈꾸지 않는 사람일수록 그 자신만의 삶을 누리리라는 희망도 그다지 품지 않을 게 분명하다고 단언한다.(SL 123-4) 블랑쇼는 플라톤의 설명에 동의하면서 진정한 삶을 잃어버리는 대가를 치러야만 죽음을 피할 수 있다는 사실을 분명히 한다.(SL 101) 즉, 나 자신의 죽음이라는 한계를 짊어진 이 시간을 이해하지 못하는 한 우리는 날이면 날마다 의미 없이 오고 가는 존재로 남을 것이며 온전하고 의미 있는 존재로 살아갈 수가 없다.

블랑쇼는 『문학의 공간』에서 이 부분을 상세하게 다룬다. 진정한 죽음이라는 생각은 철학이 삶을 특정한 방식으로만 해석하게 했다. 즉, 인간이 자기를 스스로 지배한다고 여기고 주체의 권력에만 집중하는 철학을 낳은 것이다. 그러나 블랑쇼는 그런 철학은 인간을 자기가 속한 세계에서 소외시키는 결과를 가져온다고 보았다. 왜냐하면 이성의 힘에 기대어 홀로 선 주체야말로 인생의 의미를 설명해 줄 것이라고 보는 철학의 태도는, 인간이 제 자신을 지배할 수 있다는 믿음에서 오기 때문이다. 이로 인해 세계는 그저 주체의 반영으로 나타나게 되며, 결과적으로 오늘날까지 세계 그 자체, 자연, 역사와 예술은 별것 아닌 것으로 취급되어 우리가 세운 계획들이 조작하고 꿰어 맞출 때나 모습을 나타낸다. 반대로 문학은 우리가 지배할 수 있는 어떤 것이 아니다. 오히려 문학은 우리 위에 있는 어떤 힘, 우리가 다시 발견해야만 하는 힘으로 군림한다.

죽음이 문학의 기묘한 힘에 속한다는 블랑쇼의 죽음 개념을 이해하려면, 먼저 철학이 죽음을 지배하는 주체성의 힘을 어떻게 설명했는지 이해해야 한다. 이제 헤겔 철학을 다룰 차례이다.

헤겔 : '인간, 죽음의 지배자'

헤겔은 불멸의 영혼만이 아니라, 죽음이라는 권력을 행사하는 인간의 의식 그 자체도 죽음의 세계를 알고 있다고 보았다. 죽음을 지배하여 삶의 의미를 찾는 인간은 본질적으로 의식을 갖고 있기 때문에 세상의 다른 모든 생물들과 구별된다. 그런데 의식이란 무엇일까?

의식 바깥의 모든 것은 그 자체를 위해서 존재하며, 의식은 아무것도 아니다. 다르게 말하자면 우리는 의식 밖의 모든 것에 대해 어떤 것이라고 말할 수 있지만, 의식은 말 그대로 모조리 아무것도 아니다. 어떤 것이 존재한다고 말할 수 있으려면, 언제 어디서나 존재한다고 말할 수 있어야만 한다. 하지만 예를 들어 어떤 의사가 그 앞을 스쳐가는 모든 것을 관찰하는 이 이상한 내면세계를 살펴보고 싶어서 뇌 안을 들여다보았다고 해 보자. 그는 전자와 화학물질들의 운동, 회색 세포들만을 찾을 수 있을 뿐이지 의식을 볼 수는 없다.

의식은 내적 반영으로 존재하는 것이 아니냐 하는 질문을 던진다고 치자. 하지만 이 역시 문제가 있다. 의식은, 설사 의식 자체를 경험하려고 애쓸 때라도 어떤 것을 (창밖의 나무나 행복했던 나날들의 추억 등을) 경험해야만 존재할 수 있지, 의식 그 자체를 감지하여 곧장 존재할 수는 없다. 지금 독자가 읽고 있는 이 책은 현재 독자의 의식 속에 들어와 있으나, 독자의 의식은 그 내용물과는 달리 분명 이 책이 아니다. 하지만 다른 무언가의 존재 때문에 의식이 이 책이 아닌 것은 아니다. 그저 '이 책이 아닌' 것이다.

의식은 의식 자체를 탐구하려고 하면 언제나 그 밖의 무언가를 찾게 된다. 나무를 바라보게 되더라도, 의식은 나무가 아니다. 고양이를 쳐다보지만, 고양이는 아니다. 그 '자신의' 손이나 '자기의' 코끝을 눈여겨보더라도, 의식은 손도 코도 아니다. 이 놀이를 영원히 할 수도 있겠지만 결과는 같다. 의식은 언제나 이것도 아니고 저것도 아니다. 헤겔은 간단하게 의식을 '무無 일반'이라고 부른다. 그러니 의식은 죽음과 분리할 수가 없다.

의식이란 죽음을 통해서만 존재할 수 있다고 말한다면 의식과 죽음 간의 분리 불가능성을 이해할 수 있을지도 모르겠다. 그러나 여기에서 죽음을 이해하려면, 앞서 플라톤을 이야기하면서 다루었다시피 두 종류의 죽음을 구분해야만 한다. 하나가 삶의 단순한 끝마침인 죽음이라면, 또 하나는 삶에서 필수적인 부분인 죽음, 무언가 새로운 것을 얻는 과정인 죽음이다. 그래서 폭풍은 그저 나무를 망가뜨리지만 인간은 사라진 나무를 탁자로 바꿔 나타나게 한다. 의식이 죽음의 파괴적인 힘을 '극복'하게 해 주는 부정성의 힘을 통해서만이 우리는 죽음을 겨우 이해할 수 있다. 왜냐하면 앞서 말했던 '책', '나무' 또 '고양이'와 같은 사물들을 관념으로 현존하게 하는 것은 바로 의식이라는 무無이기 때문이다.(2장의 '문학의 이중 부재'를 참고할 것)

의식 속에서, 순수한 부정성은 더 이상 단순한 파괴가 아니라 창조적인 파괴다. 의식의 진정한 삶은 그래서 죽음의 반대가 아니며, 죽음 안에서 살고 견딘다. 즉 우리가 음식이나 사랑이 필요하다든가 정의가 사라졌다고 말하는 것과는 달리, 의식은 어떤 것이 부족하다든가 없어졌다든가 하는 상황을 겪지 않는다. 그렇지만 새로운 것을 창조하기 위해 지금 존재하는 것을 끝내는 힘인 부재가 의식을 살아 있게 하는 것이다. 바꾸어 말해 보자. 의식은 죽음을 지배하고, 죽음을 우연한 사건이 아니라 의식이 가진 힘으로 바꾸어 놓는다. 이런 관점에서 헤겔은, 죽음의 지배에 기초한 세계를 체계적으로 파악해 지배하는 것이 인류의 역사라고 보았다.

죽음을 지배하는 의식의 힘을 가장 잘 상징하는 것이 자살이다. 자살은 내 주위의 사물들만이 아니라 나 자신을 부정하는 능력이며, 내 의지가 할 수 있는 최고의 행동이다. 자살이 가져다주는 죽음은 신념이며 원칙이자 계획이므로, 자기 목숨을 앗아가겠다는 결정을 절대 내릴 수 없는 짐승들의 죽음보다 훨씬 우월한 철학자의 죽음이라고 여겨진다.

『문학의 공간』의 한 장은 로마 여인 아리아의 일화를 다룬다.(SL 100-3) 반역 혐의로 황제의 노여움을 산 남편 카에시나 포에투스가 자살을 주저하자, 아리아는 그의 단검을 뺏어서 자기 가슴을 찌르고는 검을 뽑아 돌려주면서 이렇게 말한다. "봐요, 별거 아니잖아요!" 블랑쇼의 말처럼 사람들은 아리아가 문제를 해결하는 방법을, 삶을 지배하는 모습을 우러러본다. 이렇게 주체적으로 생사를 결정한 이가 달성한 지고한 삶을 존경하는 것이다.〔로마 작가 소小 플리니 (61-113)의 편지에 아리아의 손녀에게 들었다는 이 일화가 담겨 있다. 고대 로마에서는 명예를 지키기 위한 자살을 '고귀한 죽음noble death'이라고 칭송하였고, 아리아 이야기는 가장 널리 알려진 고귀한 죽음 중 하나이다.〕

블랑쇼는 이 이야기에 헤겔 철학과 유사한 결말이 함축되어 있다고 지적한다. 그가 보기에 죽음을 지배하려는 철학자의 죽음은 또 다른 죽음을 회피한다는 문제가 있다. 죽음을 향해 손을 뻗치고 죽음을 결단하려는 순간, 죽음은 나를 피해 간다. 자유의 극점에 도달

해 내 손아귀에 죽음을 움켜쥐는 권력을 누리려고 하지만, 죽음은 내 힘 모두를 앗아 간다. 자살로 죽음을 정복했다고 믿는 사람들은 죽음을 관념화하기 때문에 그 실재에는 전혀 접근하지 못한다.

자살 관념은 '결단의 논리'에 머물러 있다. 이 논리에 따르면, 시간의 어느 한순간에 삶의 의미를 결정지으려고 해야 이상적인 행동이다. 하지만 그렇다면 자살은 실제 삶의 생성과는 정반대이다. 우리 존재가 흘러가도록 하는 시간의 끊임없는 흐름을 거스르는 것이다. 삶을 끝장내어 그 끊임없는 흐름에서 달아나려고 한 아리아는 삶 자체의 일시성에서도 도망쳤다.

이렇게 보면 아리아의 초연한 태도는 죽음을 지배한다는 증거가 아니라 부재의 증거, 소멸을 숨기려고 애쓴다는 증거, 비인칭적이고 중성적인 누군가가 드리운 그림자의 증거이다. (SL 102)

자살이 보여 주는 역설은 또 다른 죽음의 경험에 주목하게 한다. 그때의 죽음은 자연적인 사건도 아니고 철학자가 고취한 인간적인 죽음도 아니며 익명의, 비인칭적인, 중성적인 죽음이다. 블랑쇼는 이를 '죽음보다 강한 죽어가는 경험dying stronger than death'이라고 불렀다. 자살로 최고의 진정성을 획득하려고 할 때, 나는 내 손아귀를 빠져나가는 또 다른 죽음을 발견한다. 나는 내 죽음을 경험할 수 있을까? 나는 그런 경험이 가능하다고 말할 수 있을 것인가?

블랑쇼는 「문학과 죽음에의 권리」에서 세계를 지배하는 의식의 힘을 언어의 힘과 연결시켰다. 2장에서 본 것처럼 언어는 대상을 소멸시켜서 의미화하고, 그래서 죽음을 언어 속으로 초대한다.

진정한 죽음은 벌써 선언되어 있다. 내가 '그녀'라고 말할 때, 이미 내 언어 안에 진정한 죽음이 있다. 내 언어가 의미하는 이 사람은 지금 바로 여기에 있으나, 자기 자신에게서 분리되어 있으며, 자기의 현존과 실존에서 제거되고, 현존이나 실존이 없는 무無 속으로 갑자기 내던져진다. 본질적으로 나의 언어는 파괴의 가능성을 의미한다. 즉, 이 파괴적인 사건에 대한 끊임없는 또렷한 암시다.(WF 323)

문학이 철학과는 다른 방식으로 죽음과의 관계를 바라보는 이유는 무엇일까? 문학과 철학의 차이는 언어를 이해하는 방식의 차이에서 비롯된다. 철학에서 언어의 부정성은, 말을 하고 말하려는 것의 의미를 표현하는 자아의 권력 아래에 있다. 그러나 문학의 관점에서 보면 낱말은 자아의 의도를 초과한다. 그러므로 언어로 지시되는 대상과 말을 하는 자아 둘 다 사라진다.

이 사라짐은 우리가 2장에서 논한 문학의 이중 부재와 관련이 있다. '나' 역시 개념이기 때문이다. 따라서 글은 주체가 사라졌다는 사실을 공표한다. 예를 들어 셰익스피어는 자기의 희곡을 내놓아 공연하고 나면, 이 작품들이 작품 속에 담긴 생각을 표현하는 이인 자기를 사라지게 할 것이라는 점을 이미 알고 있었다. 우리가 셰익스피어라고 부르는 이는 이제 이 희곡들의 반영으로서만 존재하며, 희곡 속의 인물들은 그 실존의 근거를 저자에게서가 아니라 씌어진 말들에서 얻는다. 우리가 죽음과 연관된 언어의 부정성을 이해하고 나면,

우선은 말하는 이가 죽음을 부르는 자처럼 보이게 될 것이다. 나는 사물들의 실재를 부정하면서 사물들을 지배한다. 하지만 다음에는 나는 더 이상 죽음이 내 것이라고 말할 수가 없다. 대상이 사라지는 동시에 죽음은 나 자신을 사라지게 하는 것이다.

죽음은 내 존재의 근원이면서도 근대 철학의 자족적 주체를 소멸 시킨다. 죽음의 애매함은 하이데거가 『존재와 시간*Being and Time*』 (1927)에서 누구보다도 확실하게 탐구한 바가 있다. 그의 논의를 더 자세하게 알아보도록 하자.

하이데거의 『존재와 시간』에서 죽음이라는 문제

하이데거는 죽음이라는 문제를 어떻게 다루었을까? 무엇보다 인간은 실존한다. '실존한다*to exist*'는 말은 여기에서 '존재한다*to be*'라는 말과 다르다. 어떤 돌 하나가 존재한다고 할 때는 이 돌이 이러저러하다 고 설명하면 그만이지만, 인간은 '존재 가능한 존재'라는 의미로 실존 한다. 일단 우리는 이렇게 말할 수 있을 것이다.

단 한 번의 선택으로 실존이 정해지지 않는다는 점에서 인간은 선 택지를 가지고 있으며, 그 선택은 앎과 관련이 있다. 내가 누구이고, 내가 원하는 것과 내가 할 수 있는 것이 무엇인지 알아야만 나는 선 택을 하고 이를 실현시키려는 시도를 할 수 있다. 내 삶이 선택과 그 결과로 구성된다면 나는 내 존재에 참여하고 있다고 말할 수 있다. 반면에 앞에서 예로 든 돌이 존재하는 방식은 전혀 다르다.

하지만 선택한다는 것은 무얼 의미하는가? 대상 전체를 고려하고 모든 관점에서 살펴본다는 것을 의미한다. 그렇다고 해도 어떻게 나는 내 삶 전체를 살펴볼 수 있을까? 내 삶은 아직 끝이 나지 않아 여전히 불완전하다. 내가 살아 있는 한, 나는 언제나 아직 그 무엇이 아니다. 누구나 죽어야만, 그래서 제 행로를 마감해야 자기의 삶을 정말로 알 수 있다는 것이 성가신 대목이다. 내가 내 삶을 인식할 수 없다는 것은 분명하다. 언젠가 하게 되더라도 그때는 내가 이미 죽은 후이다. 내 삶 전체는 나보다 오래 산 사람들의 눈을 통해서만이 실존할 수 있는 것처럼 보인다. 그들만이 내 삶이 진정 가치 있는 삶이었는지 판단할 수 있을 것이다. 내가 살아 있는 한 나는 나 자신을 알 수 없으며, 내가 죽어도 역시 나는 나를 알 수 없을 것이다. 이 균열을 메우려고 우리는 우리 삶을 타인의 관점에서 이해하는 데 익숙해졌고, 따라서 죽음을 타인에게 일어날 수 있는 어떤 것, 즉 '모두에게' 일어나는 어떤 것으로 이해한다. 결과적으로 우리는 추상적이나마 죽음이 삶의 일부라고 오해하도록 길들여져 있다.

하이데거는 타인들의 관점으로 자기를 보면 제 실존existence을 이해할 수 없다고 보았다. 흔히들 자기 삶이 수많은 인생 가운데 한 예에 불과하다고 생각한다. 이 탁자가 다른 탁자와 별다를 바 없다는 식이다. 하지만 여느 존재들과 달리 인간은 본질적으로 개별성의 가능성을 지니고 실존한다. 물론 대개 우리는 개별적인 삶을 사는 것이 아니라 다른 사람들의 유행을 좇아간다. 다른 이들과 비슷한 옷을 입고, 똑같은 TV 프로그램을 시청하며, 같은 책을 읽고 엇비슷한 의견을 내놓는 삶의 방식은 우리 실존의 일반 양식을 그려내 준다. 하이데거는 도덕적인 비난을 가한 것은 아니지만, 이를 가짜라고 불렀다. 하이데거가 진짜 실존의 가능성이 없다고 본 것은 아니다. 그는 죽음과 시간 사이의 관계에서 실마리를 찾았다.

어떻게 해서 내 삶은 타인들이 골라 주는 것이 아니라 내가 선택한 것이 되는가? 우리는 미래를 향해 희망을 품고, 계획하고, 예상하여 삶을 만들어 나가므로 언제나 아직은 무엇이라고 부를 수 없는 존재들이다. 내 삶은 완성되어 있지 않으며, 나는 내 미래의 의미를 엮어 나간다. 그러나 나 자신의 미래는 본질적으로 나 자신에게 속해 있다 할지라도 내 통제 밖이다. 오히려 미래는 스스로 고통이라고 선포한다. 내가 성취할 수 있는 것이 무엇인지, 나에게 예비된 숙명이 어떤 것인지는 불확실하다. 그렇지만 미래의 성취를 향해 나의 현재 삶을 뛰어넘어야만 나는 총체로서의 내 실존과 연결될 수가 있다. 여기서 말하는 총체는 나를 이루는 모든 요소의 총합이 아니라, 미래의 가능성을 향해 나 자신을 자유로이 던지는 것을 의미한다.

미래의 가능성은 '나의 무無', 즉 내 죽음으로 손을 내밀고 있다. 진정으로 실존하려면 나는 내가 본질적으로 일시적 존재라는 것을 알아야 한다. 또 내 실존을 특징짓는 시간이 우리가 시, 분, 초로 따지는 추상적이고 이론적인 시간 관념이 아니라 구체적이고 일시적인 때라는 것을 받아들여야 한다. 어떤 사람의 구체적 시간은 그의 출생과 죽음 사이에 주어진 시간이다. 돌과는 달리 당신과 나에게 과거는 그저 과거지사가 아니며 미래는 그저 아직 오지 않은 것이 아니다. 과거와 미래는 지금의 삶에 긴요한 부분이다. 내 과거가 내가 무엇인지를 말해 준다면, 나의 기대와 희망이 향해 있는 미래는 현재 나의 이 실존을 결정짓는다. 따라서 실존의 일시성은 시간표의 추상적 일시성이 아니라 과거에 기반을 두고 미래에서 오는, 삶의 구체적 일시성이다.

죽음과의 관계란 무엇인가? 다가올 최후의 순간을 겁에 질려 수동적으로 기다리는 것이 아닐까? 이 최후의 순간이 삶을 끝장낼 테니 우리는 꼼짝달싹 못하게 될 것이다. 그러나 하이데거의 주장은 다르다. 죽음이란 자기 실존을 선택하는 궁극적 지평이므로 우리는 죽음에 능동적으로 참여해야 한다. 하지만 하이데거에게도 죽음은 가장 기이한 가능성이다. 그는 우리의 모든 가능성이 끝장나는 가능성이라는 뜻으로 '불가능성의 가능성'이라고 표현했다.

불가능성의 가능성은 영원히 지속되는 돌의 실존과 우리의 실존은 다르다는 사실을 일러 준다. 죽음이 존재하지 않는다면 우리는 사물이 있는 그대로의 모습으로 계속 남으리라는 환상에 사로잡혀서 삶을 가꿔 나갈 필요를 느끼지 못할 것이다. 죽음과 맺는 관계는 인생이 현실성과 가능성 가운데서 이중적인 면모를 띠게 한다. 먼저, 죽음과의 관계를 향유하는 존재만이 가능성을 가질 수 있다. 다음에는 우리 삶의 이 기이한 가능성, 불가능성의 가능성이 죽음과 함께 나타난다. 다시 말해 죽음과 함께 나의 모든 가능성들이 끝장에 이르며, 그래서 나는 사물로, 시체로 되돌아간다. 그래서 우리는 죽음이 우리 가능성들의 한계이자 원천임을 안다.

하이데거에 따르면, 우리에게 인간의 실존이 덧없고 부서지기 쉽다는 사실을 알려 주는 가장 극단적인 가능성이 죽음이다. 어느 한 순간에 우리가 이룩한 모든 것이 사라져 버릴 수 있다는 것을 알기 때문에 우리의 삶은 과업이자 투쟁이 된다는 뜻이다. 더욱이 하이데거는 죽음만이 내게 개성을 부여한다고 했다. 죽음을 빼놓으면, 언제나 내 자리를 누군가가 메울 수 있다. '나는 선생이다', '나는 우유 배달부이다' 혹은 '나는 이 사람의 애인이다'라고 말했더라도, 인생의 어느 굽이에 이르면 이 모든 자리를 누군가가 대신할 수 있다는 것을 가슴 아프게 깨닫는다. 나 아닌 어떤 이가 선생이, 우유 배달부가, 나아가 그 사람의 애인이 된다. 그러나 다른 것이 나를 대신할 수 없는 단 하나의 가능성이 있으니, 바로 나의 죽음이다. 그러므로 나의 죽음만이 내가 나의 실존 전체를 받아들이기 시작하게 할 수 있다. 다시 말해 나는 내 죽음과 어떤 식으로든 관계를 가져야만 지

실존주의Existentialism 19세기의 철학자들인 쇠렌 키르케고르Søren Kierke -gaard(1813~1855)와 프리드리히 니체Friedrich Nietzsche(1844~1900)에서부터 20세기의 마르틴 하이데거(1889~1976), 가브리엘 마르셀 Gabriel Marcel(1889~1973), 장 폴 사르트르(1905~1980), 모리스 메를로 퐁티(1908~1961)의 작업에 이르는 철학적 운동. 이들은 모두 본질적으로 인간 실존이 자유롭다고 이해하여, 인간 실존의 특별한 본성을 강조한다. 인간이란 무엇인지를 물어서 지속되었던 도덕관념의 긴 역사와 달리, 실존주의자들은 인간이 무엇을 해야 하느냐라는 질문을 내걸고 그에 답하기 위해 인간은 실로 아무것도 아닌 존재라고 주장한다. 실존주의는 인간의 실재는 사실들로 이루어져 있지 않으니 과학이 설명할 수 없다고 주장하면서, 결과적으로 행동의 철학에 특별한 중요성을 부여한다. 아무리 엄밀하게 규정한다 해도 내 실존에 들어맞는 사실이란 없다. 그러므로 사르트르는 인간이 자유를 선고받았다고 말한다. 왜냐하면 인간은 실존의 무의미를 자기의 행동을 통해 의미 있는 삶으로 전환시키도록 운명 지워져 있기 때문이다.

금 나의 실존에 의문을 품을 수 있다. 내가 진정 뚜렷한 나의 개성을 내비치려면 내 죽음과 연결되어야 하는 것이다. 하이데거는 죽음이 우리 인생에서 행하는 이 본질적 역할을 염두에 두고, 끝없이 죽어가는 것이 삶이라고 단언한다.

블랑쇼는 하이데거의 논의에 어떻게 답할까? 그는 죽음의 실존적 측면을 어느 정도 받아들이면서도, 그것이 자신이 말한 죽음의 두 가지 측면 중 한쪽일 뿐이라고 주장할 가능성이 크다. 철학에서 보는 죽음 개념은 아주 설득력이 있지만 그 뒤에 더 본질적인 또 다른 죽음을 숨기고 있다. 블랑쇼의 정치 논의에서 보게 되다시피 또 다른 죽음은 나만의 진정한 실존의 토대가 되는 것이 아니라 흩어져 있어야만 실존할 수 있는 공동체의 토대가 된다. 블랑쇼는 죽음이 낳는 어떠한 가능성이든 환상에 기반하고 있다고 보면서, 철학에서 이해하는 죽음과는 다른 의미의 죽음을 '가능성의 불가능성'이라고 부른다. 다음 장에서는 이 '또 다른 죽음'을 살펴보고, 문학과 어떻게 연결되는지도 다루어 보자.

죽음보다 강력한 '죽어간다는 것'

죽음 관념은 항상 서구 철학의 중심이자 특징이었다. 철학자들은 완전한 삶을 성취하려면 죽음의 고통에서 탈출하려고 하지 말고 죽음과의 관계에 기대야 한다고 말해 왔다. 죽음은 근본적으로 진리라는 관념과 연결되어 있으며, 우리는 진리가 무엇인지 묻지 않으면 어떤 지식이 의미 있는 것인지도 판단하기 어렵다. 지식은 시간이 지나도 진리여야만 가치가 있는데, 진리와 죽음이 불변하더라도 삶은 모든 것이 계속 변화하는 영역이니, 인간은 죽음과 관계 맺어야만 진리를 붙잡을 수 있다. 죽음과 함께 내 삶의 전부가 의미를 갖게 되기 때문에 죽음과의 관계는 나 자신의 죽음에서 더 큰 힘을 발휘한다.

죽음을 의식의 궁극적인 힘이라고 본 19세기의 헤겔에 따르면 인간은 죽음을 지배해야만 자기 운명을 스스로 통제할 수 있는 완전한 이성적 존재가 된다. 그의 철학에서 모든 변화의 바탕에 있고, 또 가능성 혹은 생성 중인 것을 가리키는 부정이라는 개념은 인간 주체의 힘이다. 철학에서의 죽음 개념을 가장 명확하게 표현한 사상이 헤겔 철학이다. 그러니 헤겔 철학 체계의 핵심이, 의식은 죽음을 자기에게 가장 알맞은 가능성으로 받아들여 지탱된다는 주장인 것은 어쩌면 당연한 일이다. 이렇게 본다면 수동적인 세계에 맞서는 순수한 노동 행위를 하는 존재가 인간이다. 하지만 이 대목에서 우리는 인간이 언어에 내재하는 부정성 때문에 죽음을 지배할 수 있다는 점도 떠올릴 수 있어야 한다. 의식은 무엇보다도 언어의 힘이기 때문이다.

20세기 초반, 하이데거는 죽음을 이상화하는 태도가 본래 철학이 공격했던, 죽음에 대한 무지無知와 다를 바 없다고 생각한다. 죽음을 이상화하거나 무시하는 것은 둘 다 죽음이 우리 위에 군림하지 못하도록 만든다. 따라서 죽음은 앎의 근본적인 한계이다. 자기 힘으로 존재하고, 이성적이며, 자의식을 갖고 있는 존재가 인간이라는 생각을 의심하게 하는 것이 죽음이다. 하이데거에 따르면 죽음은 '불가능성의 가능성'이며, 우리의 삶 전체와 우리가 세운 계획이 미리 예상하지도 통제하지도 못한 어떤 순간에 무無로 돌아갈 수 있는 가능성이다. 죽음을 향한 존재를 이상화하는 일에서 벗어나야 인간은 진정한 삶, 자신에게 적합한 삶을 누릴 수 있다. 그러나 이처럼 삶이 죽음을 통해 성취될 수 있다고 보는 철학적 사유를 비판하면서, 블랑쇼는 익명적이고 비인칭적이며 중성적인 죽어가는 경험이야말로 죽음보다 강력하다고 이야기한다. 문학을 체험할 때, 죽어간다는 경험은 제 모습을 드러낸다.

04

죽음
– 철학에서 문학으로

이 장에서 우리는 블랑쇼가 철학에서의 죽음 개념을 어떻게 비판했는지 탐구하게 된다. 탐구한다는 말은 어쩐지 철학적 질문에 답할 때나 어울리는 것 같지만, 블랑쇼는 문학에 다가가려면 꼭 탐구하는 자세가 필요하다고 말한 바 있다. 그가 죽음을 한가운데에 놓고 문학을 명상한 것은 이 때문이다.

「문학과 죽음에의 권리」(1948, WF 300-44), 「작품과 죽음의 공간The Work and Death's Space」(1955, SL 85-159), 「문학과 원체험Literature and the Original Experience」(1952, SL 209-47) 등 초기 에세이에서부터 『무한한 대화』(1969) 같은 후기작에 이르기까지 블랑쇼는 문학과 죽음을 탐구한다. 문학은 삶의 마지막 순간에만 관심을 기울이고 있지 않으며, 글쓰기가 도대체 무엇인지도 묻는다. 죽음은 우선 두려움을 낳고, 두려움은 우리 실존의 심장부에 있는 무無와 관계가 있다. 블랑쇼는 죽음의 경험이 글을 쓰게 만든다고 했다.

앞 장에서 모든 서양 철학의 중심에 죽음이 있었다는 사실을 살펴보았다. 블랑쇼는 죽음이 행동과 지식을 낳는다면서 죽음의 '긍정적인' 면에만 주목하게 한 철학 전통을 비판하였다. 죽음의 공포를 극복하려는 욕망은 작가에게 불멸의 이름을 가져다 줄 가장 권위 있는 책, 제일 뛰어난 소설을 쓰려는 꿈으로 표현된다. 그러나 작가는 죽음을 극복할 수가 없다. 작가가 그 책을 쓰게 만든 것은 작품이고,

작품은 책을 사라지게 만든다. 즉, 책은 달성하고자 하는 것에 언제나 필연적으로 미달하며 절대로 달성하지 못하리라는 한낱 언질로 남는다. 작가는 책이 잘 마무리되어 끝이 났을 때의 성취를 경험하지 못한다. 글쓰기가 실존의 무의미에 대한 반응이라면, 그 어떤 책이더라도 작가에게는 자기가 자신이 쓴 작품과 얼마나 떨어져 있는지를 보여 줄 뿐이다. 죽음은 문학의 경험 속에서만 제 자신을 드러내므로 블랑쇼는 철학자가 죽음을 전혀 이해하지 못한다고 말할 것이다. 블랑쇼의 말처럼 문학과 죽음은 삶의 근원적인 체험 속에서 하나다. 그 체험은 블랑쇼가 말하는 죽음의 두 가지 면모를 살펴보아야만 이해할 수가 있다.

죽어가는 것과 죽음

그렇지만 블랑쇼가 말하는 '또 다른' 죽음은 철학자들이 말하는 진정한 죽음의 정반대편이 아니라, 삶과 죽음이 맞닿는 맨 끄트머리의 경계에 놓여 있다. 블랑쇼는 '불가능성의 가능성'이라는 하이데거의 말을 뒤집어 놓은 '가능성의 불가능성'이라는 말로 이 경계를 설명한다. 여기에서 죽음은 삶의 의미를 정말 붙잡을 수 있다고 나를 채근하는 것이 아니라 나를 망가뜨린다. 블랑쇼는 소설 속에서 이 또 다른 죽음을 병으로 점점 쇠약해지는 긴 과정으로 많이 표현했다. 죽지 않았다면 영원히 죽어가는 것이니 이 굴레에서 헤어날 가능성은 없다. 『죽음의 선고』의 화자는 죽어가고 있는 J를 이렇게 그려 낸다.

6시 무렵 그녀는 건강한 사람처럼 깊이 잠들었다. 간호사와 주위를 정리하고 나는 호텔로 돌아갔다. 한 시간 정도 머무른 후 다시 왔을 때, 루이즈는 J의 상태가 똑같다고 이야기했다. 그러나 나는 상황이 많이 달라졌음을 바로 알아차렸다. 꼬르륵 하고 숨넘어가는 소리가 시작되었고 그녀의 얼굴은 죽어가는 자의 얼굴이었다. 또 그녀의 입은 거의 벌어진 채였다. 이전에는 잠들었을 때 한 번도 그런 적이 없었다. 그 입에서는 고통의 신음이 흘러나왔다. 그녀가 내는 소리가 아닌 것만 같았다. 내가 모르는 누군가, 불치의 병을 앓는 이의, 아니면 죽은 자의 입인 것만 같았다. …… 그 숨넘어가는 소리는 문을 다 닫아 놓았는데도 집 밖에 들릴 만큼 요란하고 강렬했다. (DS 28-9)

이 경험은 세계의 부재를 겪는 공포스러운 체험이다. 나의 모든 능력이 사라져 의미 부재에 직면하는 두려운 체험이다. 속수무책으로 죽어가면서 '나' 자신이 자취를 감출 때까지 공포를 겪어야 한다. 죽어가면서 사람은 행동의 세계에서 내쫓긴 실존을 드러낸다. 이 실존 속에서는 내 앎의 근원이었던 진정한 죽음이라는 개념이, 죽어가고 있다는 무한한 수동성으로 바뀐다. 여기에서 죽는 자는 죽어간다는 불가능성과 마주한다. 즉, 세계를 의미 있는 무엇인가로 바꾸는 일의 불가능성과 맞닥뜨리는 것이다. (WF 334)

블랑쇼는 이 불가능성을 '근원이 없는 공간'이라고 불렀다. 이곳에서 우리는 나 자신의 죽음에 관한 권리를 잃어버린다. 죽음은 당연히 나에게 속하고 다른 것으로 대체될 수 없는 내 개별성individuality의 근거가 되지 못한다. 오히려 '나의' 죽음은 나 자신이 흩어져 버리는 경험에, 견디기 어려운 익명성의 체험에 나를 내맡겨 버린다. 블랑쇼는 하이데거의 논의를 이렇게 반박한다. 현실에서는 '나'는 죽지 않으며, '어느 누군가가 죽는다.'(SL 241)

그러니 죽어간다는 일의 불가능성은 우리가 무지해서 이해하기 어려운 것이 아니다. 이는 전혀 다른 각도에서 사유해야만 한다. 즉, 죽음을 통해 힘을 얻거나 부정을 통해 실천하는 주체를 사유의 중심에 두지 않아야 하는 것이다. 하이데거에 따르면, 우리는 죽음을 추상화시켜서 죽음을 억압하고 있다. 바꾸어 말하면 우리는 '모든 사람은 죽는다'는 진부한 표현을 동원하면서 죽음을 잊고 있다. 이 분석에 블랑쇼가 동의하지 않는 것은 아니지만, '모든 사람'에게 죽음을 나누어 주는 식으로는 더 이상 죽음을 떨쳐내지 못하는 여기 이곳에서, 우리는 죽어간다. 오히려 그곳에서 나는 '모든 사람'이 된다. 즉, 나는 나 자신을 잃어버리고, '어느 누군가가 죽어가'는 것을 경험한다.

그러므로 죽어가는 일은 하이데거의 말처럼 인간 각자가 개별적인 존재로 설 수 있는 가능성을 드러내는 것이 아니라, 나를 익명적이고 비인칭인 존재로 만들어 나 자신과 나를 갈라놓는 힘을 적나라하게 보여 준다. 달리 말하자면, 죽어간다는 불가능성과 맞닥뜨릴 때 나는 나를 가리켜 '나'라고 말하는 힘을 빼앗긴다. 죽음의 한쪽 면이 죽음이라는 한계까지 움켜쥐려는 앎의 힘으로 나타날 때에도, 이미 죽음의 다른 면은 겉으로는 지배하는 듯하나 실상은 세계를 빼앗긴 실존의 공포를 폭로하고 있다. 죽어간다는 것의 불가능성을 경험하면 내게 걸 맞는 죽음을 골라 행동으로 옮겨 세계를 나의 세계로 이해하는 일이 불가능하다는 것을 알게 된다. 살아 있으므로 나는 내 삶에 완벽한 끝맺음을 가져다주는 편리한 죽음을 꿈꾸겠으나, 사실은 죽어가고 있으니 행동으로 결정되는 죽음이라는 생각은 발붙일데가 없다.(SL 103-4)

'나'는 죽더라도 완전한 죽음이 내 인생을 밝혀 주리라고 생각해 품게 된 희망의 그늘에는 '누군가 죽는다'는 괴로움이, 형언할 수 없는 무의미함의 공포가 가하는 괴로움이 숨어 있다.(SL 128) 내 삶을 마무리할 순간을 살피는 동안 내게 닥친 이 익명의 죽음은 마지막에 무엇인가를 보태 주기는커녕 내 삶이 무의미 속에서 사라지게 한다.(WF 340) 죽어가는 동안의 시간은 내 진정한 자아실현이 이루어질 미래가 이제 아니고, 마구잡이로 스쳐 가는 경험에 불과하며, 과거도 미래도 없이 시간이 흐르는 곳에 내던져진 현존으로서 겪어 내야만 한다. 내가 자발적으로 수동적인 태도를 취할 수 있는 것이 아니므로, 블랑쇼는 레비나스를 따라서 이를 모든 수동성보다 더욱 수동적인 수동성이라고 부른다.

죽어간다는 것에 대한 이런 설명은 앞 장에서 다룬 죽음의 철학적 개념과는 공통점이 없어 보인다. 끝없이 죽어간다는 것은 블랑쇼만이 아니라 하이데거에게도 중요하지만, 이 두 사람은 서로 다른 경험을 이야기하는 듯하다. 하이데거가 나의 죽음 너머로 손을 뻗치는 삶을 말했다면, 블랑쇼는 삶을 침식하는 죽어가는 경험을 이야기한다. 죽음에 대한 철학적 설명은 죽어가는 경험을 다룰 어떤 여지도 남기지 않는 것처럼 보이는 것이 사실이다. 생을 살아 나가면서 언젠가는 나타나 내 미래를 결정지을 나 자신의 죽음과 내가 연관되어 있다고 깨닫는 것은 삶의 방식을 택하는 데에 영향을 끼치지만, 여전히 그 깨달음도 죽어가는 일이 정말 아무 의미도 없다는 사실을 거부하고 있는 것이다.

죽음의 존재론적 가치를, 죽어가는 경험의 (비)현실성(un)reality〔죽어가는 경험은 현실적인 모든 것의 토대를 흔들어 놓기 때문에 비현실적인 체험이기도 하지만, '삶을 찬미하고 죽음을 거부하는 주체적인 죽음'을 상정하는 철학의 죽음 관념과 비교해 본다면, 무엇보다도 현실적인 체험이다.〕과 분리할 때 철학에서 해 온 것처럼 죽음을 정복하려고 애쓰는 일이 벌어진다. 죽음을 거부하는 태도는 영원의 유혹에 빠져드는 일이다. 영원을 지향하는 사람들은 더 많이 지식을 쌓으려고 애쓰게 되지만, 사실 그 이면에는 '소멸하지 않는 것은 없다universal corruption'는 잊혀진 '진실'이 있다.(IC 33)

달리 말해 보자. 우리가 죽음을 부인하는 경향이 있는 것은 그저 나 자신의 불멸성을 꿈꾸기 위해서가 아니라, 불멸성이 세계는 지금 모습 그대로 남으리라고 믿게 하기 때문이다. 죽어간다는 것보다 강

존재론ONTOLOGY 존재론은 존재에 관한 학문이다. (그리스어에서 on이나 ontos는 존재being를, logos는 말, 이성, 학문 등을 뜻한다.) 존재론은 실제의 경험과는 따로 떨어져 있는, 실존하는 모든 것의 본질적인 모습을 발견하려고 하는 철학이다. 그래서 존재론은 있는 그대로의 존재에 대한, 가장 보편적인 존재 개념과 그 의미를 다루는 학설을 내놓는다. 가령 아리스토텔레스가 만든 범주들의 목록에서, 이 범주들은 어떤 있는 그대로의 존재에 대한 진술들, 즉 어떤 실제 사물이든 지녀야만 하는 특성에 관한 진술들이다. 범주들의 예로는 본질substance, 양量·quantity, 질質·quality, 시간time, 장소 location 등이 있다.

력한 죽음 개념이 헤겔에게 필요했던 이유도 여기에 있다. 헤겔의 죽음 개념은 죽음을 죽어가는 것과 분리하여, 세계를 그 타자와 분리할 수 있게 해 주었다. 철학은 세계와 우리 실존을 지식으로 축소시켜 놓았으니 근원적으로 죽음을 거부한다. 때문에 철학의 죽음 개념은 우리 삶의 축소와 소외를 낳는다.

'끝없이 죽어간다는 것'을 고민하면서, 블랑쇼는 부정을 순전히 논리적인 것으로만 보는 모더니티의 주지주의intellectualism를 바로잡으려고 했다. 주지주의는 세계 자체를 내가 그 총체성 속에서 이해할 수 있는 것으로 구성한다. 부정을 순전히 논리적인 것으로만 이해하면 세계 그 자체를 단지 '거기 있는 것'으로 받아들이고, 모든 변화와 발전은 사유나 노동으로 행해지는 인간 행위에 달려 있다고 보게 된다. 철학의 주요 목표가 인간 행위의 확장이라고 보는 시각을 정면으로 반박한 블랑쇼의 사유가 드러나는 지점이 바로 여기다.

인간의 행위가 더 확장되려면 인간이 하는 일은 모두 인간 행위에 포함시켜야 할 테니 모든 것이 '내가 한 일'이 된다. 이렇게 보면 세계는 완전히 수동적이고, 인간은 완전한 부정의 힘이자 세계 안의 행동의 힘이다. 반대로 블랑쇼는 우리 안의 수동성을 탐색해 나간다. 앎에 속하지 않는 것들을 민감하게 느끼고 받아들이도록 해 주는 것이 수동성이기 때문이다. 하지만 철학이 그렇게 하듯이 우리가 죽음에서 우리의 가장 큰 가능성을 찾으려고 하게 되면, 이 민감한 반응 능력은 자취를 감춰 버리게 된다.

죽음은 삶의 한계이다. 문학은, 혹은 블랑쇼의 표현대로라면 글쓰기는 삶에 앞서 있는 경험의 거처를 마련한다. 누군가 입을 열어 하는 말은 그 순간 품은 생각의 표현이라고 생각할 수 있을지 몰라도, 언어의 역사적 본질을 분명하게 드러내 주는 것은 글이다. 셰익스피어가 내 눈 앞에서 어떤 생각을 막 떠올린 것도 아닌데 지금도 그의 글을 읽을 수 있으니 글쓰기는 미래를 위해 과거의 생각들을 보존해 준다고 할 수도 있겠다.

그러나 이는 글쓰기가 언어의 역사적 깊이를 깨닫게 해 준다는 진술의 한 예에 불과하다. 쓰거나 읽을 때 내가 마주치는 언어가 내가 태어나기 전의 세계, 저자와 얽히지 않은 독자적 세계를 표현한다는 사실을 글쓰기는 깨우쳐 준다. 누구에게도 의존하지 않으며 그 의미의 근거를 누군가의 심중에서 찾지 않는 언어를 문학은 만나게 해 준다. 다시 말해 문학은 저자의 행위로 축소될 수 없으며, 앞에서 말한 주지주의에 저항한다. 문학에 몰입하면 죽음과 다투는 본원적 체험을 겪는다. 블랑쇼의 말처럼 죽음과 계약을 맺고 있는 문학은 우리에게 죽음과 극단적인 수동성을 체험하게 해 주지만, 이런 경험은 말로 풀어 놓기가 어려우니 '가능성의 불가능성' 같은 표현이 과연 얼마나 쓸모가 있을지 미심쩍을 것이다. 그렇지만 원래 이 말은 하이데거의 "불가능성의 가능성으로서의 죽음"이라는 말을 살짝 뒤집은 것이다.(3장의 '하이데거의 『존재와 시간』에서 죽음이라는 문제'를 참고)

사람들이 대체로 공감해 온 근대 철학의 입장에서 보자면, 우리는 우리의 가능성을 세계를 형성하는 노동이자 부정인 인간의 행동을 통해 실현시켜 왔다. 다시 말해 근대 철학은 부정을 순전히 논리적으로 이해해 왔다. 여기에 따르자면 세계는 여기 존재하는 이 세계이며, 인간의 행위만이 아직 실현되지는 않았더라도 실현될 가능성을 품고 있는 모든 것을 현실화할 수 있다. 그런데 이 '가능성'이라는 것은 무엇일까? '가능성possibility'이라는 단어는 '가능한to be able to'으로 번역되는 라틴어의 'posse'라는 동사에서 유래하였다. 그러나 '가능하다'는 것은 앎a knowing이 전제되어야 한다. 앎은 알려진 것the known을 전유하므로, '가능하다'는 것은 존재하는 것을 알려진 것으로 바꾸는 폭력의 형식이다.〔하이데거에게서 '가능성'은 현존재dasein로서의 인간의 특성을 가리킬 때 자주 사용되는 말이다. 인간은 스스로 자기의 삶을 만들어 나갈 '가능성', 초월을 향한 '가능성'을 지닌 현존재로서 실존한다. 블랑쇼는 '죽어간다는 것'은 이 가능성에 포함되지 않는다고 주장하고 있다.〕

'죽어가는 것'을 철학이 지금껏 무시해 왔다는 것을 알았으니 이제 이를 새로이 개념화해 보면 어떨까? 그런 시도는 '죽어간다는 것'을 자기 힘으로 성취할 수 있다고 보는 것이므로 세계를 전유하려는 죽음의 개념과 별다를 바 없다.〔전유는 어떤 대상을 자기의 소유로 하는 행위를 의미한다. 법률·사회·문화 영역에서 다양하게 쓰이는 말이지만, 특히 예술 혹은 문화 연구의 영역에서는 새로운 창안을 위해 기존에 있던 것을 다른 문맥으로 끌고 들어오는 일을 가리킨다. 여기에서 '앎의 전유'란 개념으로 포착될 수 없는 '죽어간다는 현상'을 개념화하려는 시도를 뜻한다.〕

만약 죽어가는 것에 매혹된다면, 우리는 익명적인 것에 다가갈 수 있을까? 우리가 그만큼의 충분한 수동성을 지녀야 가능한 일이고, 이때 죽어가는 것에 매혹된다는 것은 사실 사유에 매혹되는 것이지만 말이다. 행복한 생각에 잠기거나 공포에 질려 있을 때 그러하듯이, 우리가 생각한다는 것이 무의미에 잠기는 일이라면 그럴 지도 모른다. 그러나 생각에 빠져 들어갈 때 우리는 즉각 우리의 가장 높은 가능성에 도달한다. (SNB 38)

개별성 : 존재의 비밀

죽음에 대한 블랑쇼의 반성이 수동성 개념과 타자 개념으로 풍요로워지면서 어떻게 발전해 나갔는지를 이제 살펴보자.

애초에 블랑쇼가 부정성과 부재라는 관점에서 죽음을 이야기했다면, 『무한한 대화』(1969) 이후로는 죽음과 타자의 관계에 점점 더 초점을 맞추게 된다. 이 초기와 후기의 두 주제는 서로 대립하는 것이 아니다. 우리가 이미 다룬 것처럼 일상 언어는 개념이 보편적으로 소통되도록 특정한 사물을 부정한다. 그렇다면 우리가 세계와 맺는 모든 관계를 언어가 매개하고 있으니 개별 존재들의 세계는 이해하기가 불가능할지도 모른다. 여기에서 '타자'라는 말의 모호성이 나온다. 타자는 앎의 세계에 속하지 않고 개별적이며 형언할 수 없는 존재인 타인the other human being이다. 개별성은 존재의 비밀이라고 말할 수 있으리라. 문학과 죽어가는 경험은 바로 이 비밀을 파고든다.

이 세계가 우리 자신의 행위로 인해서 만들어졌다면 우리는 당연히 세계를 내 집처럼 편안하게 느껴야 하지 않겠는가? 왜 우리는 그렇게 느끼지 못하고 괴로워하는가? 철학은 죽어가고 있다는 현실을 마주보지 못하고 거부하고 있으니, 철학을 통해서는 이해하기 불가능한 그 무엇인가, 앎의 세계 이전에 있는 '그 어떤 것'이 나타나는 때는 문학을 경험하는 순간이다. 문학을 경험하면 세계가 이리 되기 이전의 사물들의 본질을 계속 캐묻게 된다.

2장에서 이야기했듯이, 블랑쇼에 따르면 우리는 말의 물질성을 다루는 문학을 통해서 비인간적이고 물질적인 세계의 근원을 본질적으로 체험한다. 블랑쇼는 죽음의 철학적 개념이 불완전하다는 것을 보여주면서, 철학은 절대로 움켜줄 수 없는 어떤 것에 의존하기 때문에 독립적이거나 자기 충족적인 사유가 아니라는 것을 증명할 수 있었다. 철학이 붙잡지 못하는 '어떤 것'이란 인식 행위 이전의 '직접적인' 사물이다. 이를 통해 우리는 우리 세계에서 친숙한 물건들과는 다른 것의 현존에 은밀히 관여하게 된다.

이미 논했다시피, 언어의 일반 용법은 개별적인 것을 말하기 위해 그것을 부정한다. 그래서 어떤 대상을 말하려면 일단 일반적인 개념을 말하게 된다. 그 원인은 언어라는 매개에 있다. 어떤 친구에 대해 말한다고 쳐 보자. 우리는 입에서 자동적으로 튀어나오는 언어가 친구의 특징들을 나열하면서 이 친구를 어떤 사람으로 추상화시켜 놓았다는 것을 깨닫는다. 그 친구의 독특한 면모를 말하려고 아무리 애를 써도 생년월일이나 이름처럼 일반적인 속성이나 추상적 사건들만을 자꾸 늘어놓게 되니까, 우리는 친구에게 미안한 짓을 계속 하느니 아예 입을 다무는 것이 낫겠다고 느낀다. 매개를 거부하는 개별적인 존재는 그러므로 어쩔 수 없이 직접적인 방식으로 존재한다. 바로 이것이 블랑쇼가 일상 언어에서 표현될 수가 없는 직접적 개별성은 존재의 비밀이라고 말한 이유이다. 그러나 그 대상의 실존에 의지하는 일상 언어가 개별성이라는 비밀과 아무 관계도 없다면 우리의 의사소통은 완전히 불가능할 것이다. 인생은 이 수수께끼 없이는 존재할 수 없고 세계의 총체적 이해를 향해 나아갈 수도 없다. 그래서 블랑쇼는 "죽는 것 앞에서의 철수는 현실 앞에서의 후퇴"라고 말할 수가 있었다.(IC 34)

문학은 철학에 문제를 제기하면서 우리 삶의 소외를 극복하려 한다고 블랑쇼는 다시 한 번 주장한다.

마르크스가 사회를 파악하려고 애를 쓴 것은 잘 알려져 있다. 중요한 것은 우리가 마르크스만큼의 수고를 문학에 대해서도 기울여야 한다는 점이다. 문학은 소외되었고, 문학이 연결되어 있는 사회는 인간성의 소외 위에 세워져 있으니 문학은 그 소외의 일부이다.(BR 150)

우리의 개별 실존이라는 수수께끼, 보편적인 것으로 바뀌어야 표현되는 실존의 신비를 드러내야만 문학은 소외를 극복하게 해 줄 수 있다. 따라서 문학은 지식을 넓히고 세계를 지배하는 데 공헌하는 대신에, 유용한 것만을 찾는 이 세계가 인간의 실존을 소외시키는 상황에 대항하려고 한다.

『무한한 대화』(1969)와 『밝힐 수 없는 공동체The Unavowable Community』(1983)에 이르러 블랑쇼는 하이데거와의 차이를 선명하게 드러낸다. 앞 장에서 본 것처럼 하이데거는 죽음을 단지 나 자신의 죽음하고만 연결시켰다. 반면에 블랑쇼는 죽음은 결코 나의 것이 아니며, 나는 오로지 타자의 죽음하고만 관계를 맺는다고 주장한다.(UC 21) 그의 비판이 근본적인 까닭은 죽음이 '모든 사람들'에게 일어나는 추상적 사실이라는 통념을 따르지 않았기 때문이다. 오히려 내 개인성을 깨

110

뜨리는 죽음, 타자의 현존을 낳는 수동성인 죽음은 서로에게 의존하면서도 따로 떨어져 있는 개별 존재들의 인간 공동체를 낳는다. 블랑쇼는 하이데거와 달리, 죽음을 진정으로 경험하면 죽음은 홀로 겪는 사건이 아니라는 점을 깨닫게 된다고 보았다.(UC 22) 뒤에 보게 될 테지만, 블랑쇼가 죽음을 이렇게 바라본 것은 그의 정치적 사유의 근원이기도 하다.

시적 사유를 통해 사고한 블랑쇼는 특히 독일 시인 프리드리히 횔덜린Friedrich Hölderlin(1770~1843)에 대해 쓴 하이데거의 강의록을 읽으면서 많은 영향을 받았다. 하이데거에 따르면, 언어의 근원은 개념의 부정성이나 정보 전달에 유용한 일상 언어에서 찾을 수 없다. 이름의 형언할 수 없는 개별성에 언어의 근원이 있으며, 시는 이름의 개별성에 적합한 언어이니, 시에 모든 언어의 근원이 놓여 있다. 시인이 사물을 이름 짓는다는 말은 때론 우리에게 불가사의하게 느껴진다. 이름 짓기는 우리가 아주 어린 시절에 배운 것 같지만, 우리는 이건 컵, 저건 고양이라고 말하면서 사실은 모든 컵, 모든 고양이를 가리키는 법만을 배웠다. 사람들이 일반적으로 사물들을 분류하는 방식을 배운 것이다. 하지만 시적인 명명命名은 어떤 사물의 개별적 실존을 말하려고 한다. 예를 들어 한 시인이 '고양이'라고 부른다면 일반적으로 고양이란 무엇인지 기술하고 고양이에 대한 지식을 더 쌓게 해 주려는 것이 아니라, 이 고양이가 더 이상 실존하지 않으며 더군다나 지식의 대상으로서는 실존하지 않는다고 말하는 것이다. 이 대목에서 그 고양이에 대한 시적 묘사가 정확한지, 문제의 그 고양이에 꼭 들어맞는지를 따지는 것은 어리석다. 그러나 여기 있지 않으며 본 적도 없고 볼 수도 없는 무엇인가에 대해 말하는 것을 우리가 들어야 하는 이유는 무엇일까? 말해질 수 없는 무엇인가를 언어에 보태려는 것이야말로 '시적 긴장'을 이루기 때문이다. 이렇게 보면 언어는 삶을 풍요롭게 하는 것이 아니라 언어의 근원에 대한 탐구이다. 문학은 허구의 사건과 플롯을 묘사하는 것이 아니라,

언제나 놓치는 무엇인가를 되짚으려고 열망하면서, 말하려는 것의 결여로 존재하는 것을 애써 찾아야 하므로, 영원히 우리의 언어를 고문하는 것이다.(IC 36)

우리가 시간이 남아 그저 좀 빈둥거리려고 소설을 훑어보는 때라 할지라도, '있을 법한 세계를 상상으로 자유롭게 그려 내는 것'이라고 문학을 규정해서는 안 된다. 모든 문학의 본질적인 질문은 이것이다. "내가 말을 하려면 차단해야만 하는 이 앞서 있는 실재prior presence를, 내가 어떻게 다시 말로 붙잡을 수 있을 것인가?"(IC 36)

죽어간다는 것은 무엇인가? 이 세계의 끝이자 세계의 타자를 향한 통로이다. 문학에서 언어도 그러하다. 세계를 낳는 동시에 그 현실을 닿을 수 없는 것으로 만든다. 또 다른 죽음이 담겨 있는 언어 안에서 낱말의 의미는 정보 내용으로 결정되지 않으며, 언어는 빛나는 개념으로 고양되기에 앞서 낱말과 사물이라는 고요한 근원에서 나온다.

문학은 세계 너머에 있는 것이 아니며, 세계 그 자체도 아니다. 세계가 존재하기 이전 사물들의 현존, 세계가 사라진 이후 사물들의 보존, 모든

것이 사라져 버렸을 때 남는 완강함, 아무것도 존재하지 않을 때 나타나는 놀라움.(WF 328)

상식적으로 보면 아무도 손대지 않은 자기 충족적인 사물들 자체가 언어 이전에 먼저 존재하며 그 다음에 언어가 사물들을 표현해 낸다는 생각이 당연하게 여겨질 테니, 이 세계의 침묵을 말하는 것은 세계가 언어뿐만 아니라 우리의 실존하고도 따로 떨어져 독립적으로 존재한다는 상식적 확신에 호소하는 것처럼 보인다. 그러나 앞에서 논의했듯이 확실한 사물들이 있으려면 부정의 힘인 언어가 있어야만 한다. 이를테면 여기, 내 발치에 '고양이'가 있다는 것은 개별적인 무엇인가를 '고양이'로 만들고자 개별 사물을 부정하는 우리의 능력을 통해서만이 가능하다. 즉, 그 고양이의 실존은 고양이를 이름 짓는 능력에 달려 있으며, 이 일상적 능력은 근본적으로 시적인 언어에 기댄다. 그렇다면 언어의 부정하는 활동 이전에, 인간의 행위 이전에 무엇이 있다는 말인가? 앞서 말한 이유들 때문에 우리는 언어 없는 세계가 아니라 문학에서 표출되는 언어의 침묵을 탐구하고 있다.

글쓰기와 죽음이 지닌 익명성

블랑쇼를 포함한 동시대 프랑스 지식인들은 헤겔 이후의 근대 철학을 유한성finitude의 철학으로 요약할 수 있다고 보았다. 유한성의 철학이란 신이 없는 세계에서 자기의 죽음을 어쩔 수 없이 마주해야

하는 인간 존재에 대한 사유이다. 역사의 바로 이 순간에 죽음은 새로운 의미를 획득한다. 죽음의 의미 변화는 우리 실존에 근본적인 변화를 가져오는 의미심장한 일이다. 그래서 블랑쇼가 곧잘 이 시대를 '과도기'라고 부른 것은 어떤 특정한 역사적 사건 탓이 아니라, 신이 내려준 무한한 의미를 빼앗긴 인간 조건의 큰 변화에 주목하였기 때문이다.

철학은 죽음을 해석하면서 부재를 쓸모 있게 활용한다. 죽음과 적극적인 관계를 맺으면 사물들이 부재할 때도 나는 사물들을 가리킬 수 있으며, 또 그 관계는 인간과 다른 생명체의 차이이자 내 자유의 증거이다. 사물들이 부재하면 개념이 공허를 채우러 나타나므로 언어의 경우에도 사물들의 부재, 사물들의 죽음은 유용하다. 이때 죽음의 고통은 극복되고 긍정적인 것으로 변형된다. 그러나 이미 살펴본 것처럼 블랑쇼에게 문학은 사물만의 부재가 아니라 개념의 부재이기도 한 이중 부재이다. 이렇게 되면 부재는 더는 유용하지가 않다. 말은 더 이상 인간 이성의 이론적·실천적 활동 아래에 포함될 수 없는 것이다.

어찌 보면 사물들의 현실과는 동떨어져 언어의 아름다움에만 관여하는 문학은 시시하다. 하지만 달리 보면 기묘하고 불안정한 언어의 힘이 여기에서 드러난다. 언어에서 사물들의 부재는 사물들로 귀속되는 의식의 힘을 뛰어넘는 언어 자체의 현실을 가리킨다. 내가 무언가를 이름 짓는다고 할 때, 말은 사라진 대상을 그저 가리킬 따름이다. 하지만 문학에서 이 이름 짓기는 기묘한 변형을 겪는다. 제 자신에게 관심을 돌린 언어는 더 이상 허구적 현실이 아니라 그 자체의 명명命名하는 힘을 기술하게 된다. 앞에서 예를 들었듯이 '고양이'라고 명명한 시인은 우리 마음속에 있는 어떤 고양이의 이미지를 떠올리게 하려는 것이 아니다. 시인의 목표는 그 이미지가 성공적으로 소통되는 동안 '고양이'라는 낱말이 사라지게 하려는 데 있지 않다. 오히려 훌륭한 시일수록 고양이가 아니라 '고양이'라는 이 말이 더 힘차게 우리 앞에 나타나고 우리 귀에 울려 퍼진다. 문학은 언어의 일부에 지나지 않고 언어의 기본 목표는 세계의 실재를 지시하는 데 있다고 흔히들 생각하지만, 블랑쇼는 바로 이 문학의 쓸모없음이 언어의 진정한 근원을 환기시킨다고 주장한다.

언어는 세계의 실재와 우리 사이의 거리를 명기한다. 무엇이 진짜인지 보여 주는 거울이기는커녕, 독립적인 것으로 간주되는 현실the real에 접근하지 못하게 막는다. 언어가 현실 세계를 재현한다는 믿음을 우리가 고수하는 경우는 일상 언어를 사용할 때와, 학문의 영역에서 수준 높은 논증의 도구로 쓰고자 언어를 변용할 때뿐이다. 반면에 문학 연구는 현실이란, 언어를 통해서 우리가 그 현실에서 영원히 추방되었을 때에야 만들어 낼 수 있는 환상이라는 것을 깨우쳐준다.

언어를 내 머릿속에서 나온 생각의 표현이라고 할 수 없다면, 언어로 말이 되어 나온 것은 나 자신의 개별적 실존과는 완전히 분리된 채로 존재한다. 내가 사용한 언어는 사물만이 아니라 나 '자신'도 그 안에서 사라지게 한다. 어찌 보면 이는 문학을 옹호하는 긍정적인 수단이 될 지도 모르겠다. 우리는 우리의 말이 우리보다 더 오래 살아남게 하려고, 그래서 작품의 영원한 현존 안에서 불멸성을 부여받으려고 글을 쓴다. 그러나 이렇게 '우리보다 오래 살아남는 것'에는 불길하고 음험한 의미가 더 많다. 말은 나의 실존과 관계없다는 점 때문에 나보다 오래 살아남는다.

여기에서 블랑쇼의 비평 작업은 '저자의 죽음'이라는 유명한 테제와 연관을 맺는다. '저자의 죽음'은 블랑쇼에게 영향을 주고 또 영향을 받았던 동시대 문학 이론가인 롤랑 바르트Roland Barthes(1915~1980)가 분명하게 제시한 개념이다. 이 개념이 이룩한 발전은 '저자의 의도'라는 속박에서 문학비평을 해방시켜 준다. '저자의 의도'는 쓸모 있었던 적이 거의 없고, 대개는 자기 의견을 옹호하는 수단에 지나지 않았다. 게다가 '저자의 의도'가 그렇게 중요하다면 문학이란 저자가 더 직접적으로 말해 줄 수도 있었던 것을 에둘러 보여 주는 것에 불과해지니 우리가 왜 계속해서 문학으로 되돌아가는지를 설명하기 어렵다. 텍스트가 저자의 의도에서 벗어나 얻는 독립성은 글이 쓰이던 바로 그 순간부터 이미 저자의 의도가 부재하고 있었다는 것을 전제로한다. 그 부재야말로 글쓰기가 꼭 필요로 하는 것이다. "죽음이, 나를 가로지르며 말한다."라고 블랑쇼가 쓴 것은 결국 이 때문이다.

죽음이 나의 가능성 중 하나가 아니었듯이, 글을 쓰게 되는 것도 내가 품고 있던 가능성이 아니다. 블랑쇼는 '나는 작가입니다'라고 말하는 것은 어딘가 앞뒤가 맞지 않는 일이라고 보았다. '나'라고 말하는 자아의 힘은 글을 쓰면서 사라져 버린다. '나는 작가입니다'라는 말은 글쓰기가 여러 행위들 중 하나에 지나지 않을 때, 이를테면 한낮에 직장에서 해야만 하는 일 중의 하나일 때에나 가능하다. 그러나 글을 쓰게 만드는 것은 글을 쓴다는 행위와 같지 않아서 글쓰기에서 나오면서도 글쓰기를 망쳐 놓는다. 많은 작가들이 자기 일기를 여러 편의 이야기들로 채우면서도 대부분 끝을 맺지 못했던 이유가 여기에 있다. 카프카의 일기가 좋은 예이다.〔카프카의 일기에는 여러 단편적인 이야기가 씌어져 있지만, 대부분 중간에 중단되고 다른 이야기가 뒤를 잇는 등 뒤죽박죽이라는 인상을 준다.〕현대 소설의 이상한 특징도 이렇게 설명할 수 있다. 현대 소설은 이전의 소설들과 달리, 글쓰기가 요구하는 바에 응답할 순수한 언어를 찾으려는 절망적인 탐색이다.

'글쓰기' 없이 쓰는 것, 문학을 문학이 사라지는 부재의 지점에 데려다 놓는 것, 우리가 더 이상 거기에 놓인 비밀들을 두려워할 필요가 없는 부재의 장소로 문학을 이끄는 것은 '글쓰기의 영도writing degree zero'이다. 모든 작가들이 일부러 아니면 부지불식간에 추구하는 중성성, 침묵으로 이끄는 중성성이다.(BR 147-8)

『문학의 공간』(1955)이 출판되는 시점에 이르러, 블랑쇼는 헤겔이 말한 부정성에서 하이데거가 강조한 가능성으로 초점을 이동해 문학과 죽음 사이의 관계를 논한다. 이제 중요한 것은 언어의 폭력성이 아니라 글을 쓰게 만드는 힘을 여느 행위로 치부하는 것이 불가능하다는 점이다. 블랑쇼는 자살이라는 역설과 작가가 자기의 글쓰기에 대해 품을 법한 두 태도를 분석하는 대목에서 죽음의 두 가지 측면을 책과 작품으로 비유한다.(SL 106) 부정을 통해 현실에서 의미를 이끌어내는, 죽음의 첫 번째 측면에서 문학은 우리가 '책'이라고 부르는 문화적 대상으로 비유된다. 저자의 이름을 내세우고, 신문에 리뷰가 실리며, 상을 타기도 하고, 문학비평가들이 새롭고 기발한 이론으로 응대하는 대상이 책이다. 책을 놓고 저자와 비평가들은 모두 자신들의 기술을 능동적으로 발휘한다. 죽음의 두 번째 측면인 문학의 또 다른 면을 블랑쇼는 '작품'이라고 부른다.

작품은 작가의 이름을 내세우거나 리뷰에서 이야기되지 않으며, 문학상을 수여할 때 고려되지도 않고 모든 문학 이론에 저항한다. 작품은 저자에게 압력을 가하니, 작품 앞에서, 특히 책을 써서 현실 속으로 작품을 끌어들이려 노력할 때 작가는 수동적이다. 우리는 가끔 책을 파는 문화 산업이 문학 체험과 멀리 떨어져 있다고 느끼지만(물론 이 느낌은 당연한 것이다.) 책은 객관적으로 존재하는 대상이고, 작품은 그 뒤에 감추어져 있기 때문에 습관적으로 책과 작품을 혼동한다.

왜 책과 달리 작품은 작가의 이름을 떼어 내는가? 여기에서 우리는 다시 블랑쇼의 언어 개념으로 돌아가 보아야 한다. 언어가 사물의 실재를 파괴하듯이, 작품 또한 작가의 개인성을 지워 버린다. 책장에 씌어 있는 낱말들은 아무것도 아닌 곳에서, 아무 사람도 아닌 이에게서 나온 것처럼 보인다. 결연하고 용감하며 진정한 '내'가 '타자의' 죽음 앞에서 사라지듯이, 작가인 '나'는 작품 안에서 탈주체화된다. 그렇다면 언어의 비인칭성이나 저자의 익명성이라는 말이 뜻하는 바는, 언어학에서처럼 언명하는 주체의 시점에서, 즉 말하는 '나'의 자리에서 언어를 이해해서는 안 된다는 것이다.

시의 언어는 독자나 저자 모두와 떨어져 있으며 자율성을 가진다. 시의 언어는 홀로 말한다. 비인칭적인 언어는 말하는 '나'를 안팎에서 잠식해 들어가고 있으므로, 내 안에서 말하는 것은 항상 나를 압도한다. 그저 삶을 꾸려 나가기에 바쁜 우리는 일상사를 겪으며 이 사실을 억압하거나 거부한다. 그러나 작가는 비인칭적인 언어 안으로 전진하고 거기서 언어가 말할 수 있도록 비켜 서 있어야만 한다. 작가가 된다는 것은 이를 의미하는 것이 아닐까? 또 글쓰기가 여타 다른 행위들과 다른 이유도 여기에 있을 것이다.

블랑쇼는 오르페우스 신화를 들어 글쓰기에서는 저자가 사라져야만 한다고 이야기한다. 그리스 신화에서 오르페우스는 아내 에우리디케를 되살리려고 저승으로 내려가는데, 그가 연주한 음악에 몹시 감동받은 저승의 신 하데스는 아내를 데리고 지상으로 올라가라고 허락한다. 이때 하데스는 지상으로 올라가면서 오르페우스가 아내 쪽을 뒤돌아보면 안 된다는 조건을 달았다. 지상으로 거의 다 올라왔을 즈음에, 오르페우스는 아내가 계속 자기 뒤를 따라왔는지 걱정이 되어 견딜 수가 없었다. 그가 약속을 깨고 뒤를 돌아보는 순간, 아내는 저승으로 영원히 사라졌다.

표면적으로 이 그리스 신화는 참을성 없는 오르페우스가 대가를 치른다고 말하는 것처럼 보인다. 하지만 우리는 오르페우스가 시인이고 그래서 죽음에 익숙하다는 점을 잊어서는 안 된다. 오르페우스는 에우리디케가 이미 부재한다고 노래한 적이 있다. 그리고 시인이 된다는 것은 말들이 만들어 낼 부재에 먼저 매혹되는 것이다. 오르페우스의 사랑은 그가 저승으로 내려가기 전부터 아내의 부재가 도드라진 사랑이었고, 뒤돌아보는 그의 눈길은 이 점을 확인시켜 주었을 따름이다. 눈길 한 번으로 에우리디케가 사라지니 낱말은 우리가

〈저승에서 에우리디케를 데려가는 오르페우스〉

19세기 프랑스 화가 장 바티스트 카미유 코로의 그림이다. 이 그리스 신화는 참을성 없는 오르페우스가 대가를 치른다고 말하는 것처럼 보인다. 하지만 우리는 오르페우스가 시인이고 그래서 죽음에 익숙하다는 점을 잊어서는 안 된다. 오르페우스는 에우리디케가 이미 부재한다고 노래한 적이 있다. 오르페우스의 사랑은 그가 저승으로 내려가기 전부터 아내의 부재가 도드라진 사랑이었고, 뒤돌아보는 그의 눈길은 이 점을 확인시켜 주었을 따름이다.

재현하고자 하는 것을 안전하게 붙들어 놓을 수 없다. 불멸의 예술 작품을 갈구하면서 죽음의 첫 번째 측면에 기대어 상실의 공포를 이기려고 시도하는 이 순간, 곧장 죽음의 두 번째 측면이 나타난다. 그리고 지금까지 우리를 예술로 이끌어온 이 상실의 고통을, 작품은 더 날카롭게 드러내 보여줄 뿐임을 깨닫게 된다.

오르페우스를 통해서 우리는 시를 읊조리는 것과 소멸하는 것이 심원한 의미를 가진 하나의 운동이라는 것을 깨닫는다. 노래하는 이는 자기의 모든 것을 내걸어야 하고, 결국엔 죽어야 한다. 갑자기 나타난 죽음, 너무 빠른 이별, 미리 닥친 작별이 자기 존재에 대한 거짓된 확신을 지우고, 어떤 보호도 받지 못하게 하며, 그를 끝없는 불안으로 데려가기 때문이다. (SL 156)

이 실패는 글을 쓸 때 어쩌다 생기는 것이 아니라 본질적으로 모든 글쓰기에 속한다. 개작되면서 잘 이야기되지 않는 부분이지만, 이 그리스 신화의 마지막에서 오르페우스의 몸은 산산조각이 나 강물에 버려진다. 강물에 떠내려가는 그의 머리는 계속 에우리디케에 관한 노래를 부르고 있었다. 문학은 살아 있는 자의 입술에서는 이제 나올 수 없는 언어이다.

죽어가는 경험과 문학

이 장에서는 철학적 죽음 개념에 대한 블랑쇼의 비판을 자세히 다루었다. 철학은 인간이 자기 삶을 결정할 수 있는 기회가 죽음이라고 보아 왔지만, 블랑쇼는 익명의 힘, 비인칭의 힘이 나타나 나를 나 자신과 떼어 놓고 무력하게 만드는 것이 죽음의 현실이라고 주장한다. 죽어가는 경험은 완벽한 종말을 맞이해 삶의 의미를 찾게 해 주기는커녕 무의미함에 휩싸이는 끔찍한 공포를 낳는다. 블랑쇼는 죽음의 현실을 설명하기 위해 철학적 관점을 비판한다. 우리가 죽음의 경험을 통해 실존이 소외된 상황을 극복하려고 한다는 점에서는 블랑쇼도 의견을 같이 했으나, 세계의 현실에서 실존이 소외되게끔 한 것이 바로 삶에 권능을 부여하는 철학적 죽음 개념이라고 주장한 점이 철학과의 차이다. 우리가 우리를 둘러싼 세계와의 관계에서 능동적인 역할을 맡을수록, 세계의 의미는 희미해지고 동시에 우리의 능동적인 역할도 아무 의미를 갖지 못한다. 이것이 블랑쇼가 죽음의 두 가지 면을 이야기한 이유이다. 어찌 보면 죽음은 우리 삶을 가능성으로 가득 차게 하지만, 달리 보면 우리의 가능성 모두가 무無로 돌아가는 수동성에 직면하게 한다. 그래서 블랑쇼는 압도적인 세계에 직면해 힘을 잃는 경험인 '가능성의 불가능성'이라는 죽음의 경험을 '불가능성의 가능성'이라는 하이데거의 죽음 개념에 대립시킨다.

죽음을 이렇게 설명하면 행동의 세계 아래 숨어 있었던 현실을 경험하는 길이 열리게 되는데, 이를 블랑쇼는 존재의 비밀, 즉 '개별성'이라고 칭한다. 무엇에 대해 말하든 낱말들을 거치면 보편성을 갖게 된다. 예컨대 어떤 것이 푸르다, 둥글다, 더럽다고 말한다면 이 낱말들은 대상이 지닌 속성들이지 대상 자체가 아니다. 그에 비해 무엇이 어떤 이를 개별적인 사람으로 만드는지는 말하기가 곤란하므로 블랑쇼는 이를 비밀이라고 했다. 여기서 블랑쇼는 죽음에 대한 사유를 문학에 적용시킨다. 오직 문학에서만이, 특히 시에서 우리는 개별 사물의 실존에 눈을 돌리려고 지식과 정보의 영역에서 빠져 나오기 때문이다. 그래서 문학은 언어의 근원을 찾는 모험이다.

죽음과 문학에 관한 사유가 서로를 암시하는 모습은 어떻게 이 두 가지가 타자의 경험과 연관되는지를 이해하게 해 준다. 우선 죽음의 두 번째 측면이 보여주는 수동성 속에서, 수동성이 나 아닌 것을 민감하게 받아들이는 능력을 포함하는 한, 나는 나와 다른 무엇인가를 경험할 수 있다. 이렇게 해서 죽음과 문학의 경험은 개별 인간 존재들을 아우르는 공동체의 근원으로 나타난다. 하이데거와 정반대로 블랑쇼는 우리가 겪을 수 있는 것은 오로지 죽음뿐이니 죽음이 나를 개별적인 존재로 만드는 사건이라고 생각하지 않았다. 오히려 죽음은 나를 한없이 죽어가는 익명의 존재로 만드는 것이다.

문학을 경험하면 죽음을 두 가지로 사유할 수 있음을 알게 된다. 그 둘 간의 차이는 블랑쇼가 말했듯 책과 작품의 차이로 설명할 수 있다. 죽음의 첫 번째 측면이 자기 작품인 책을 대표하고 그래서 자기가 한 일을 자축하며 그 기교를 칭송받는 작가의 형상으로 나타나는 반면에, 글쓰기의 현실에 가 닿을 수 있는 것은 블랑쇼가 작품이라고 부른 두 번째 측면뿐이다. 우선 저자가 어떤 책을 쓰게 만든 것은 작품이다. 이미 작가는 무엇을 어떻게 할 것인지 결정한다기보다 글쓰기의 요구에 응답하고 있다. 책은 작품이 요구하는 바를 다할 때만이 실체를 가질 수 있다. 그렇지만 문학작품은 형용할 수 없는 존재의 비밀인 개별성에 속하므로 어떤 책도 작품의 요구를 만족시키기에는 턱없이 부족하다. 죽음의 첫 번째 측면이 막 성공을 거두려는 찰나에 두 번째 측면이 나타나 실패의 경험으로 바꾸어 놓는다. 따라서 문학은 죽어가는 경험과 깊숙이 연루되어 있다. 블랑쇼의 말처럼 언어가 작가의 의도를 표현하는 대신에 작가의 권위 있는 목소리를 익명의 언어 뒤로 사라지게 한다면, 문학 작가는, 자기의 작품 속에서 죽는다.

05

문학과 윤리
– 레비나스의 영향

'있음'의 윤리

이제부터는 블랑쇼가 글을 쓰는 방식과 방향의 변화를 분석해 본다. 먼저 다루어 볼 것은 비평과 소설 간의 경계를 흐릿하게 만든 글쓰기 방식의 변화이다. 이 변화는 블랑쇼가 문학과 관계된 윤리적·정치적 문제에 점점 더 관심을 옮겨간 것과 거의 동시에 일어났는데, 윤리와 정치 문제는 이 책의 나머지 부분에서 핵심적인 주제이다.

5장에서는 블랑쇼의 글에서 윤리가 얼마나 중요한지에 초점을 맞출 것이다. 블랑쇼의 윤리 논의는 에마뉘엘 레비나스의 윤리학을 빼놓고는 이야기하기 어렵다. 이들의 사유가 교차한 첫 번째 지점인 '있음there is'이라는 현상을 알아본 후 레비나스가 끼친 영향도 논의해 본다. 블랑쇼를 이해하려면 레비나스의 윤리학을 꼭 거쳐 가야 하겠지만, 이 두 사람이 글쓰기의 위상을 달리 파악했다는 점도 놓쳐서는 안 된다. 이를 통해 블랑쇼의 작업에서 중요한 개념인 '중성성the neuter'을 소개하고 그의 언어와 문학 개념을 충실히 설명하게 될 것이다.

블랑쇼의 글쓰기 형식

『무한한 대화』(1969) 이전에 나온 블랑쇼의 글들은 두 부류로 나눌 수가 있었다. 소설 아니면 비평이었다. 하지만『무한한 대화』에서부터 이 구분이 희미해진다. 블랑쇼의 다른 책들이 그러하듯이 애초에 잡지에 실렸던 에세이들을 묶은 이 책은 피곤에 찌든 두 사람 사이에 오가는 대화를 묘사하면서 시작하는데, 블랑쇼의 다른 소설이라고 해도 손색이 없어 보일 정도이다.(IC 13-23)

같은 이들인지 확신할 수는 없지만 책의 나머지 부분에서도 결정적인 대목마다 계속 이들의 대화가 끼어든다. 우리는 작품에 등장하는 입장과 견해들이 저자의 목소리라는 권위가 뒷받침하는 어떤 존재, 즉 저자의 것이라고 여기는 관습에 익숙하다. 그렇지만 흥미롭게도 레비나스의 철학을 대화 형식으로 다루는 이 책의 형식은 우리 고개를 갸우뚱하게 한다. 여기서 말하는 이는 블랑쇼인가, 아니면 어떤 다른 사람인가? 이 목소리가 말하는 것을 블랑쇼의 관점이라고 볼 수 있을까?

이를테면『무한한 대화』에서 한 대목을 인용한다고 해 보자. 그 대화의 맥락 밖으로 인용할 부분을 끄집어내면 이 모호한 텍스트가 단일한 목소리로 말하는 것처럼 보이게 되므로,『무한한 대화』라는 텍스트의 형식이 제기하는 문제를 그냥 덮어 버리게 된다. 대화라는 원칙은 모두 동의할 단 하나의 진실을 꿈꾸는 우리의 욕망을 처음부터 물거품으로 만든다. 시작하는 말도 끝나는 말도 없고, 우리 중 누구도 소유하거나 다루고 있다고 말할 수 없는 무한한 대화에 우리 모두 속해 있을 뿐이다.

다음에 나온 책들은 우리를 더 혼란스럽고 어리둥절하게 만들었다.『저 너머의 발자국The Step not Beyond』(1973)이나『재앙의 글쓰기』

128

(1980)의 도입부를 읽다 보면 낯설고 파편적인 이 책이 철학인지 문학인지 아리송해진다. 『재앙의 글쓰기』 중간에는 한 어린아이가 창문으로 텅 빈 하늘을 바라보는 장면이 있는데, 블랑쇼가 '원초적 장면'이라고 부른 이 대목이 어떤 이야기의 일부인지 아니면 작가의 자전적 소회인지는 분명치 않다.(WD 72)

블랑쇼의 마지막 소설인 『기다림 망각*Awaiting Oblivion*』(1962)의 서두는 막 일어나려고 하거나 이미 일어난 어떤 사건에 대해 한 남자와 여자들이 주고받는 대화이다. 그런데 마찬가지로 독자들은 지금 읽고 있는 것이 문학인지 철학인지 애매함을 느끼게 된다. 더 혼란스러운 것은 이 소설의 일부가 철학자 하이데거에 관한 에세이들의 모음으로 출판된 적이 있다는 사실이다. 그러므로 『무한한 대화』가 아래와 같은 언명으로 시작하는 것은 그리 놀라운 일이 아니다. "문학이라는 문제는 비평과 예술 작품 사이의 구분을 소용없게 만든다. 우리 시대에 모든 진정한 예술 작품은 이미 예술로서의 자기 위상에 대해 비판적이기 때문이리라."

여러 나라에서 여러 언어로 항상 책들이 나온다. 이 책들 중 일부는 비평이나 철학으로 분류되지만, 어떤 책들은 소설이라는 꼬리표를 달거나 시라고 자임하기도 한다. …… 그렇지만 꼭 지적하고 싶은 것은, (시나 소설에 어떤 통칭을 부여하여 기준점으로 삼으려고 한) 말라르메 이래로 이러한 분류를 쓸데없다고 보는 태도가 이 분류들을 대신하거나 더 중요해졌으며, 다시 진지하게 인용 부호 속에 있는 '문학'을 계속 요청하는 어떤 경험이 생겨났다는 점이다.(IC 11)

하지만 블랑쇼가 『무한한 대화』에서 무게 있는 철학적 문제들을 다루지 않은 것은 아니다. 문학과 윤리의 관계는 『무한한 대화』가 제기하는 가장 중요한 문제 중 하나이며 다음 절의 주요 주제이기도 하다. 문학과 죽음과의 관계를 이야기할 때 그의 상대자가 하이데거였듯이, 블랑쇼는 또 다른 사상가와 대화를 나누면서 이 문제에 접근한다. 이번에는 그 상대가 레비나스이다.

레비나스의 영향

블랑쇼는 친구들과 교류하면서 지적 여정에 큰 변화를 겪었다. 블랑쇼와 레비나스는 서로 계속 영향을 주고받으며 우정을 쌓아 나갔다. 레비나스는 블랑쇼에게 현상학과 하이데거 철학을 소개했으며, 대부분의 사람들이 윤리 문제는 이미 한물간 주제라고 생각했을 때 블랑쇼가 계속 윤리에 대한 질문을 던질 수 있었던 데에는 레비나스의 글이 큰 도움이 되었다.

블랑쇼는 글을 쓸 때의 경험과 우리에게 윤리가 요구하는 바는 따로 떼어놓을 수 없는 것이라고 했다. 이 말은 앞에서 살펴본 그의 문학 이론, 즉 문학이 세계와의 관계에서 절대적인 자율성을 갖는다고 하는 입장과 모순되는 듯싶다. 그는 문학이 정의正義의 바깥에 놓인 그 자체의 진실을 갖는다고 말하기도 했지만, 그가 전 생애에 걸쳐 정치 운동에 계속 참여한 사실을 떠올려 보면 문학작품의 순수성을 옹호하는 모습은 좀 어색해 보인다. 그렇다면 그의 삶을 두 가지로 분리해서 보면 되지 않을까? 사적으로는 고독하게 문학작품을 탐구하였고, 공적으로는 정치 집단에 참여했다고 말하면 문제는 간단하게 해결되지 않을까? 앞으로 알게 되겠지만 제일 손쉬워 보이는 이 해결책은 너무 거칠고 단순한 접근이다.

현상학Phenomenology   현상학은 독일 철학자 에드문트 후설Edmund Husserl (1859~1938)이 시작한 철학 방법론으로, 현대 철학에서 가장 중요한 학파 중 하나이다. 현상의 존재 상태에 대한 어떤 외부적 추측에도 의지하지 않고 경험으로 주어진 현상을 있는 그대로 기술하는 것이 그 목표이다. '사태 자체로의 귀환'은 현상학의 대표적인 표어이다. 후설은 『순수 현상학을 위한 일반 시론*A General Introduction to Pure Phenomenology*』(1913)에서 정원의 사과나무를 예로 든다. 그의 방법론은 어떤 외부적 이론에 힘입지 않고 인식에 나타난 그대로 이 나무를 기술하는 것이다. 따라서 그에게 형이상학이나 자연과학은 모두 철학에 적절한 방법론이 아니다. 현상학은 후설과, 현상학을 더욱 굳건하게 발전시킨 그의 제자 하이데거를 통해서 재빨리 프랑스에 수용된다. 가장 유명한 프랑스 현상학자는 사르트르(1905~1980)일 것이다. 때문에 현상학은 20세기 실존주의의 기본 바탕이 된다. 블랑쇼는 레비나스를 통해서 현상학을 접했다. 레비나스는 후설의 철학을 처음으로 소개한 책이자 가장 중요한 입문서인 『후설 철학에서의 직관 이론*Theory of Intuition in Husserl's Phenomenology*』(1930)을 썼다. 블랑쇼는 현상학을 직접적으로 언급하지는 않았으나, 1950년대의 글에는 현상학의 관점이 투영되어 있다. 특히 『문학의 공간』(1955)이 그러한데, 이 책은 실존 상태에 대한 추측을 괄호침으로써 현상 (이 경우엔 문학) 그 자체로 돌아가자는 현상학적 방법론에 영향을 받았다.〔후설은 사물의 존재를 의심 없이 받아들이는 것을 멈추고, 괄호 속에 넣은 뒤에 남아 있는 순수의식의 본질을 기술해야 한다고 보았다. 이 방법론을 '현상학적 판단중지', 혹은 '괄호 치기'라고 한다.〕

그렇게 접근했기 때문에 1930년대 이후 그가 속했던 정치 집단들에 대해서는 모두 쉬쉬했으며, 다들 블랑쇼를 말할 때 정치 문제는 다루기를 꺼려했다. 더 심각한 문제는, 이렇게 딱 잘라 구분하고 나면 글쓰기와 윤리는 갈라놓을 수 없는 것이라는 주장을 핵심으로 삼았던 블랑쇼 비평이 앞뒤가 안 맞게 되어 버린다는 점이다. 아마도 문제의 해결책은 블랑쇼의 생애를 이해해서 얻을 수 있는 것이 아니라, 윤리가 문학 이론과 동떨어져 있다는 우리의 선입견에서 찾을 수 있을 것이다. 문학과 윤리가 별개의 영역이라고 확신하거나 문학의 내용을 윤리로 단순하게 환원해 버리면 문학만의 특유한 것을 발견하지 못하게 되므로 자가당착에 빠져 버린다. 블랑쇼라면, 윤리와 문학이 맺는 미궁과도 같은 관계가 그런 경솔한 추측에 근거한 의견들보다는 훨씬 복잡하다고 말할 것이다. 타자와의 관계에 대한 레비나스의 논의에서부터 우리가 출발한다면 더욱 그러하다.

도덕철학이 지금껏 해 온 도덕적 가치 옹호가 윤리라고 생각하면, 윤리가 우리에게 요청하는 바를 이해할 수 없게 된다고 레비나스는 지적한다. 오히려 윤리는 내가 세계를 지배한다는 생각에 의문을 품게 하는, 타자의 넘쳐 나는 현존excessive presence 앞에 자아를 드러내라고 요구한다. 그의 말에 따르면, 타자는 내가 응답하기를, 이기심을 거두라고 요구하며 여기에 '응답'하는 것은 책임을 낳는 진정한 힘이다.

블랑쇼는 레비나스의 윤리 논의를 글쓰기와 연결시킨다. 윤리와 마찬가지로 문학도 자아가 주체의 지배를 의문시하도록 한다는 것이다. 창조력을 발휘해 까다로운 예술적 질료를 자기 뜻에 맞게 다듬어 예술적 내용과 표현의 규칙들을 파괴하는 낭만적이고 고독한 천재야말로 작가라고 보는 시각은 여기에 어울리지 않는다. 창작은 권위를 통해서가 아니라 권력의 부재 속에서 이루어지며, 의지나 확고한 정신의 행동이 아니라 자아가 힘을 쓰지 못하는 극단적인 수동성이다. 윤리와 문학은 둘 다, 그냥 의지가 약한 것보다 더 근본적인 '인간적 약함'의 증거이다.(WD 44)

이제 살펴볼 부분은 레비나스의 철학인데, 블랑쇼의 사상에서 레비나스의 철학이 얼마나 중요한지는 그가 레비나스의 가장 유명한 저작인 『전체와 무한*Totality and Infinity*』의 철학적인 중요성과 독창성을 확신했다는 점에서 미루어 짐작할 수 있다.

에마뉘엘 레비나스의 책은 요즘의 철학 중에서 가장 침착한 목소리로, 손쉽게 존재론을 숭배하고 마는 우리의 사고방식을 향하여 진작 제기되었어야 할 의문을 던진다. 이 책은 우리에게 광채 속에서 빛나면서 특유의 끝없는 절박성 아래 놓인 바로 이 타자라는 관념을 향유해서, 즉 타자와의 관계를 통해서 책임감을 갖고 철학의 본질을 직시하라는 요구를 하고 있다. 여기에 철학에서의 새로운 출발이 있으며, 우리가 스스로 이룩해야 한다고 재촉하는 도약이 있다.(IC 51-2)

윤리적 관계의 의미나 윤리적 관계가 어떻게 글쓰기와 윤리의 문제로 연결되는지를 알아보기 전에, 레비나스와 블랑쇼의 논의가 처음으로 겹친 지점이라고 할 수 있는 '있음*il y a*'을 거쳐 가 보자.〔프랑스어의 il y a는 통상 영어로는 there is로, 한국어로는 '있음', '그저 있음', '있다', '…가 있다' '존재한다' 등으로 번역되었다. 여기에서는 '있음'으로 옮긴다. 레비나스는 익명적이고 중성적인 존재로서의 무의미를 겪는 '있음'의 경험에 주목하면서, 인간이 윤리적 주체로 설 수 있으려면 타자의 얼굴의 현현을 통해야만 한다고 주장한다. 그는 『윤리와 무한』에서 블랑쇼가 말한 '중성성'과 '바깥'이 자신이 말한 '있음'과 유사하다고 언급하기도 했다. 예를 들어 호텔 방에서 방을 지샐 때 벽 너머에서 어떤 소리가 계속 나지만 누가 무슨 일을 하는지 도통 알 수가 없을 때의 경험은 '있음'과 비슷한, 어떤 대상을 찾을 수 없는 의식의 단절이라는 것이다.]

있음IL Y A

레비나스의 『존재에서 존재자로Existence to Existents』(1947)는 블랑쇼의 초기 비평에 강력한 영향을 주었고『알 수 없는 자, 토마』(1941), 『하느님The Most High』(1948) 등의 초기 소설과 많은 공통점이 있다.

레비나스는 살면서 흔히 마주치는 사건은 아니지만 우리에게 관련된 모든 것이, 특별한 영속성과 견고성을 우리 실존에 부여하는 모든 것이 사라져 버리는 그런 사건을 떠올려 보라고 한다. 다 사라진 다음에는 무엇이 남을까? 아마 모든 것이 없어져 버렸기 때문에 더 이상 어떤 대상에 대한 경험이 아닌 경험이 남을 것이다. 사물들이 흩어져 없어졌으니 남는 것은 바로 무無의 경험이리라.

레비나스는 그런 무의 경험을 했다고 말할 수 있는 특별한 순간이 우리 삶에 있다고 말한다. 이런 식으로 상상해 보자. 누군가가 일상을 겪으며 살아가는 어떤 세계는 모든 것이 제자리를 지키고 있는 그림이나 사진 같다. 그런데 어떤 별난 일 때문에 이 그림 혹은 사진이 희미해지기 시작한다고 치자. 여기에 그려져 있던 모든 것들이 하나 둘씩 없어지고 빈 공백만을 마주하게 된다. 이 부재가 '있음'의 경험이다. 비록 이것저것이 있었던 자리가 안개처럼 거기에 숨어 있기는 하지만, 그것들의 가능성은 허공으로 사라진다.

이런 경험은 실제적인 사건이 아니다. 사물들이 정말 사라지지도 않고 특정한 상황에서만 나타나는 경험이지만, 그 상황이 발생하면 일상에서 맺었던 사물들과의 관계에서 찢겨 나간 우리의 실존은 사물들의 배후에서 처음으로 출현한다. 나는 더 이상 이것이나 저것, 이 가능성이나 저 가능성과 관련이 없다. 실존 그 자체하고만 마주할 뿐이다. '있음'의 존재론적 의미가 여기에 있다. (존재론의 의미는 4장의 '죽어가는 것과 죽음'을 참고할 것) 이제 사물들에 대한 애착이 가로막던 우리의 실존이 드러난다. '있음'에서 우리는 문자 그대로 아무것도 아닌no-thing 우리 존재를 마주할 수가 있다.

레비나스는 『존재에서 존재자로』에서 이 실존적 상태의 예로 불면증을 든다. ('실존적existential'이라는 말의 의미는 3장 '하이데거의 『존재와 시간』에서 죽음이라는 문제'를 참고할 것) 잠들려고 아무리 애써도 다 소용없는, 몸이 쑤시지 않는 데가 없고 마음도 지쳐 버린 한밤중. 내 방은 끔찍하고 무서운 곳이 된다. 방 안의 사물들 그 자체, 낮에 앉아 있던 의자, 옷을 걸어 둔 옷장이 밤으로 산산이 분해되어 버려서 이 밤이 도리어 나를 쏘아보고 있는 것 같다. 내 소중한 물건들은 이제 없다. 게다가 더 끔찍한 것은 나 자신마저 밤에 감싸여 녹아 버리고 있다는 느낌이다. 내 물건들이 놓일 곳도 없고, 그 물건들에 둘러

싸여 느낀 안락함도, 피난처도 없다. 그러니 나만을 위한 곳이란 이제 없다. 모든 것이 공포스러운 밤 속으로 사라졌다.

레비나스처럼 블랑쇼도 '있음'의 경험을 내 일상 세계를 구성하던 사물들이 없어지거나 사라지는 텅 빔, 혹은 부재의 경험으로 묘사한다. '있음'의 밤에 내 세계가 소멸되는 것은 내 실존의 한가운데에 무無가 자리하고 있음을 입증한다. 우리는 활동과 휴식을 오가며 평범한 낮과 밤의 리듬에 맞추어 어떻게든 이를 감추려고 애를 쓴다. 블랑쇼의 소설『알 수 없는 자, 토마』는 그저 낮의 반대편이 아니라 그 파멸을 뜻하는 '또 다른 밤'의 경험을 생생하게 그려 내고 있다.

나는 어지러운 심연 속에서 내 존재를 발견한다. 심연 속에서 내 존재는, 신神처럼 머무는 부재가 아니다. 나는 존재하는 것이 아니라 견뎌내고 있다. 냉혹한 미래가 이 억눌러진 존재를 향해 무한히 펼쳐진다. …… 이제 밤이다. 어둠은 아무것도 감추지 않는다. 나는 밤이 빛의 일시적인 부재가 아니라는 것을 제일 먼저 깨달았다. 어떤 이미지로도 표현할 수가 없어 보이지 않고 들리지 않는 모든 것이 밤을 이룬다. 밤에 귀를 기울이는 자라면 누구든 자신이 사람이 아니었다면 무無를 들을 수 있었으리라는 것을 알게 되리라. 그래서 진정한 밤에는 보이지 않는 것, 들리지 않는 것이 있어서 밤에 발붙이지 못하게 한다. 그 자체 외에는 아무것도 받아들이지 않는, 밤에는 발을 들여놓을 수 없다.(TO 104)

이 부분에서 우리는 '또 다른 밤'과 일상의 리듬 사이의 괴리를 엿볼 수 있으며, 또한 앞서 다룬 문학 언어의 성격을 떠올려 보게 된다. 일상의 리듬을 이루는 낮과 밤은 투명하고 명쾌한 의사소통의 일종이어서 소통이 가장 잘 이루어졌을 때 관념 혹은 개념이 표현되면서 언어가 사라진다. 그러나 '또 다른' 밤은 사물 자체와 그 사물이 재현하는 개념을 둘 다 부정하는 문학의 이중 부재다. 「밤은 책이다: 책의 침묵과 무위Night is the book: the silence and inaction of the book」(SL 113-14)에는 '또 다른 밤'의 경험과 문학의 이중 부재가 갖는 유사성이 분명하게 기술되어 있다. 이 유사성은 블랑쇼가 말한 문학과 윤리의 관계가 무엇을 뜻하는지 알아보는 데 좋은 실마리가 되어 줄 것이다. 곧바로 이 문제로 넘어가기 전에, 블랑쇼가 레비나스에게서 받아들이고 발전시킨 타자와의 윤리적 관계를 더 자세히 다루어 보고 그 관계성이 블랑쇼의 윤리 개념에 일으킨 변화를 따져 보자.

언어의 폭력에서 말하기의 윤리로

앞 장에서 주로 다룬 블랑쇼의 초기 비평에서, 언어와 세계의 관계는 본질적으로 폭력의 일환이다. "원래 언어에서는 말하기speech가 재현만이 아니라 파괴하는 역할을 하기 마련이다. 대상을 없애고 사라지게 하며 무화시킨다."(WF 30) 문학 언어는 이 폭력을 누그러뜨린다기보다 오히려 정당화한다. 문학에서 언어는 사물의 현실성만이 아니라 개념의 지시성도 없애며, 두 경우에서 모두 언어는 부정이다. 개념의 부정성은 사물이 관념 속에서 사라지게 하고, 말의 부정성은 관념이 낱말 속에서 사라지게 하지만 그 차이는 단 하나이다. 개념의 부정성은 우리 세계를 구성하는 논리를 형성하므로 유용한 부정성이지만, 말의 부정성은 문학이 세계를 해체해 버리게 만드니 쓸모가 없고 써먹을 데도 없다.

그러나 초기 비평과 달리 『무한한 대화』의 기본적인 관심사는 사물, 개념, 낱말의 상호 관계가 아니라 무엇보다도 언어를 통해 이루어지는 것으로 이해해야 할 타자와의 윤리적 관계이다. 블랑쇼의 말을 빌리자면 "정해진 형식으로 나타나지 않는" 타자의 계시는 "완전히 말하기의 영역에 속해 있다."(IC 55)

초기의 언어 설명 방식과 달리, 이제 블랑쇼는 말이 되어 나왔으나 글로 쓰이지 않은 언어가 암시하고 있는 것을 다루기 시작한다. 대화와 이해를 구분지으면 블랑쇼의 언어 설명 방식이 어떻게 변화했는지가 좀 더 선명해진다. '이해'라는 단어의 어원은 벌써 사물에 대한 폭력을 암시한다.(라틴어 com과 prehendere의 결합이 그 어원인데, 'prehendere'는 붙잡는 것을 의미한다.)

사물과 나 사이의 거리는 이해의 힘으로 소멸된다. 아는 것은 빼앗는 것이다. 타자와의 대화에서는 반대로 타자와 나와의 거리가 대화를 유지시켜 준다. 타자에게 말을 걸면서 나는 내 방식을 강요하여 타자와의 거리를 없애 버리지 않는다. 오히려 누군가에게 말을 거는 것은 그 사람과의 거리에 응답하는 것이다. 여기에서 '거리'는 서로를 분리시켜 주는 물리적 공간이 아니라, 동일한 것으로 환원되지 않도록 우리 사이에 놓인 윤리적 차이다. 윤리적 관계 속에서 나는 당신의 환원 불가능한 현존에 응답한다. 이 '응답'은 보는 것vision이 아니라 말하기로써 이루어진다. 당신과 대화하면서, 그 누구와도 같지 않은 당신의 차이점을 향해 나는 다가간다. 보는 일에서는 시선이 대상과 관찰자 사이의 거리를 없애 버리지만, 말하기에서는 여전히 어떤 관계를 유지하면서도 자아와 타자가 분리된 채로 남는다. 보고 알게 되는 것은 통합이나 융합의 관계지만 말하는 것은 분리나 차이의 일종이다. 블랑쇼는 바타유와 이런 대화를 나누었다고 적고 있다.

> 말하기 속에서 현존하는 것은 나타나도 보이거나 붙잡을 수 없다.(듣는 이 만큼이나 말하는 이의) 손에 닿지 않는 저 너머에 있는 무엇인가는 우리 사이에 존재하고 그 사이를 지키고 있으며, 대화는 이런 둘–사이 between-two의 근원에 접근하는 수단이다. 미지未知의 상대와 관계 맺기를 원한다면 유지해야 하는, 환원할 수 없는 거리가 말하기의 특별한 선물이다.(IC 212)

이해에는 두 항項이 아니라 세 항이 관여한다는 사실이 보는 일의 단일성을 설명해 준다. 관계를 이루는 두 항 말고도 두 항 사이를 중개해서 단일성을 형성하게 하는 세 번째 항이 있는 것이다. 앞서 논한 정의定義를 내리는 일을 떠올려 보자. 관계 맺는 두 항목 사이의 차이를 없애고 융합시키는 세 번째 항은 정의하기다. 이 세 번째 항 덕분에 1장에서 언급한 것처럼 당신과 나는 '이성적 동물'이라고 정의될 수 있다. 정의 아래에서 당신과 나는 동일화된다. 반대로 대화로 맺어지는 관계에는 우리를 똑같이 만들어 주는 세 번째 조건이 없다. 우리는 서로 직접 얼굴을 맞댄다. 세 번째 항이 존재하지 않는 것이야말로 나와 다르고 낯선 타자에게 다가가는 출발점이다.

블랑쇼는 말하기와 이해 사이의 이 차이를 가리켜, 말하기에서는 유지되지만 이해 속에서는 사라지는 '미지未知의 상대와의 관계'라고 부른다. 물론 말하기를 통하지 않고 지식의 대상으로서의 타자와 관계 맺는 일도 가능하다. 나는 타자를 규정하고 구별하고 분류할 수 있으므로 타자는 응답하는 언어가 아니라 그 밖의 다른 것들과 마찬가지인 대상이 된다. 이는 폭력이다. 예컨대 타자를 '깜둥이'나 '유대놈'이라고 부르면서 타자들의 환원 불가능한 차이를 인정하지 않고 그들과 관계 맺기를 거부한다고 하자. 언어의 폭력은 타자에 대한 폭력으로 바뀔 수 있으며 타자를 여느 객체처럼 처리 및 제거하는 것도 가능하다. 홀로코스트처럼 말이다.

말하기를 통해 내게 다가오는 타자는 바깥에서 접근하는 낯선 존재이자 미지의 상대이며, 내게 말을 걸면서 나의 안정과 확실성을 뒤흔들어 놓는다. 타자는 지배하지 않는다. 타자가 나에게 사물들에 대한 지배를 포기하라고 명령한다면 지배하려고 투쟁하는 폭력의 언어가 계속되는 것이기 때문이다. 이와는 달리 타자가 말을 걸어오는 것은 평화의 언어가 폭력의 언어에 개입함을 의미한다. 레비나스는 나와 대화하는 타자는 빈곤함과 궁핍함으로 다가온다고 했다. 그 연약함은 내 힘과 폭력을 멈추게 한다. 바깥에서 침입해 오듯이 나의 내면에 곧장 육박해 혼란을 주는 타자의 궁핍함을, 레비나스는 '얼굴'이라고 부른다. 인간의 얼굴만이 우리를 위태롭게 짓누르는 무의미하고 부조리한 실존의 익명성을 깨뜨릴 수 있으니 블랑쇼가 레비나스 철학의 가장 결정적인 국면이 타자의 얼굴이라고 본 것도 당연한 일이다. 인간의 얼굴이 그렇게 할 수 있는 것은 이해하고 분류하려는 모든 시도를 넘어서기 때문이다. 그 앞에서 내가 공포에 질려 움츠릴 만큼 인간의 얼굴이 절대적인 힘을 갖고 있어서가 아니라 오히려 약자의 위치에서 나타나기 때문이다. 내가 응답하게 만드는 것은 바로 타자의 고통이다. 응답이야말로 어떤 결정을 내리기 전이나 기회를 맞이할 때 우리가 고민하는 윤리다.

내가 보기에 가장 본질적인 것은 저항 없이 내게 그 자신을 주는 얼굴을 마주할 때 겪는 경험이다. 나는 이 연약함, 이 힘없음, '이 무방비의 눈 깊숙한 곳에서' 자신을 내 힘에 완전히 맡기는 동시에, 내가 가진 가장 큰 힘을 불가능성으로 바꾸어 절대적으로 거부하는 무엇인가가 나타나는 것을 본다. (IC 54)

내 주체성은 타자에게 가로막혀 유지되지 못한다. 그래서 블랑쇼는 도덕적 태도나 제도를 자기만족적으로 옹호하는 것과 레비나스의 윤리를 헷갈리지 않아야 한다고 강조했다. 정치 문제를 이야기할 다음 장에서 보게 되겠지만, 윤리는 문화를 보호해 주는 것이 아니라 계속해서 문화를 비판하는 추동력이다.

책임감 있는responsible: 지루한 부르주아식으로 말하자면, 일반적으로 이 말은 성숙하고 똑똑하며 꼼꼼한 남자를 가리킨다. 그는 처지에 맞게 행동하고, 주어진 상황의 모든 요소들을 고려할 줄 알며, 계산하고 결심하는 사람이다. '책임감 있다'는 말은 행동하는 남자를 가리킨다. …… 그러나 그런 것들이 뒤집히고 나서야 타자에 대한 나의 책임이 모습을 드러

낸다. '나'의 위상에, 시간에, 그리고 아마도 언어에 생기는 변화가 그 핵심이다.(WD 25)

문학과 윤리는 모두 언어를 통해 주체의 자리를 흔들어놓는다 displace. 주체가 자유로이 선택한 결정이나 주체에게 강제된 의무에서 책임이 시작되는 것은 아니다. 책임은 타자가 내 자리에 앉는다는 것을 의미한다. 블랑쇼가 썼듯이 그런 책임은 "나의 것이 아니며, 나를 내가 아닌 것이 되도록 한다."(WD 18) 마찬가지로 글쓰기는 저자인 '나'의 자리를 언어의 익명성에 물려주라고 요구한다. 그리고 언어의 익명성은 글쓴이의 의중이나 독자의 생각이 아니라 이 둘 모두에 앞서는 끝없이 무한한 언어에 근원을 둔다. 블랑쇼에 따르면 "아무도 말하지 않는 언어, 누군가를 향해 말하지 않는 언어, 중심이 없는 언어, 그리고 무無를 드러내는 언어에 속하는 것이 작가이다."(SL 26)

지금까지의 논의만으로는 블랑쇼와 레비나스가 글쓰기와 윤리에 관해 완전히 같은 의견을 지닌 것처럼 보일지도 모르겠으나 그렇지 않다. 글쓰기와 윤리의 관계에 대한 둘의 입장은 다르다. 이제 블랑쇼가 레비나스와 달리 글쓰기를 어떻게 이해했는지, 또 그 차이를 통해 그가 '중성성the neuter'의 경험이라고 부른 것을 어떻게 발전시켜 나갔는지 살펴보자.

말하기와 글쓰기의 차이

레비나스는 대화나 질문으로 이루어지는 윤리의 언어와, 이해나 논증의 언어만을 이야기했다. 블랑쇼의 언어 이론에서는 이해나 논증의 언어에 상응하는 것이 정보이다. 레비나스는 글쓰기를 정보의 보존이나 저장을 위한 도구로만 여겼으므로 글쓰기가 비윤리적이라고 본다. 하지만 글쓰기와 말하기의 차이를 더 심도 있게 생각해 본다면 왜 레비나스의 입장이 불충분한지 알 수 있을 것이다.

말하기라고 하면 보통 우리는 말하는 두 사람과 그들 사이에 오가는 말을 떠올린다. 마찬가지로 우리는 글쓰기라고 하면 저자와 저자가 원고에 남겨둔 흔적을 생각하고 다음으로는 그 흔적을 해석하는 독자를 떠올린다. 블랑쇼가 『무한한 대화』에서 그려 낸 말하기와 글쓰기의 차이는 이런 것이 아니다. 그는 이 익숙한 개념들을 부정하지는 않았지만 대화하는 두 사람, 작가와 원고, 독자와 원고 사이의 관계를 엄밀하게 살펴보고 싶어 했다. 그래서 말하기와 글쓰기가 서로 기묘하게 연루되어 있음을 드러내려 한 것이다. 이 말하기와 글쓰기의 문제에서 블랑쇼는 레비나스와 갈라지기 시작한다. 레비나스는 글쓰기가 본원적으로 비윤리적이므로 말하기와는 완전히 반대편이라고 여겼다. 적어도 레비나스의 초기 저작에서는 블랑쇼가 생각하는 바와는 달리 문학과 윤리는 관계가 없었던 것이다.

레비나스는 글쓰기에 관한 특정한 전통적 개념에 얽매여 있었으므로 문학과 윤리의 연관성을 인정하지 못했다. 말하기와 글쓰기의 또 다른 관계를 이해하는 데 도움이 될 만한 이 전통적 글쓰기 개념을 짚고 넘어가 보자. 블랑쇼도 마찬가지지만 레비나스의 글은 말하기를 두 가지로 구분한다. 우선 대화를 그저 두 발화자 간의 정보 전달로 보는 말하기를 생각해 볼 수 있는데, 여기에서는 어찌 보면 말하는 이가 아니라 말한 것이 무엇이냐가 중요하다. 그 때문에 레비나스는 말하는 이가 우위를 점하게 해 이 전통적인 우열 관계를 뒤집으려 했다. 이것이 또 다른 말하기에 해당한다. 언어에서 서로 상대방에게 말하는 사람의 존재는 윤리의 조건이다. 그렇지만 블랑쇼도 동의하고 언어의 정보 모델과도 구분되는 이 윤리적인 언어 개념은 글쓰기에게 불리하다. 글쓰기에는 서로 말을 나누는 두 사람의 존재가 없고 정보 전달만 있는 것처럼 보이기 때문이다.

레비나스의 논의와 척지지 않으면서, 블랑쇼는 말하기에 대한 설명을 조금 바꾸어 그가 생각한 글쓰기와 더 가깝게 만든다. 말하기에서는 말을 주고받는 상대보다 '타자성'을 강조하고, 또 글쓰기 개념에서는 정보보다 문학으로서의 경험에 무게를 둔 것이다. 『무한한 대화』의 들머리에 자리한 「복수적 말하기Plural Speech」(흥미롭게도 부제는 '글쓰기에 대해 말하기the speech of writing'이다.)에서 그는 레비나스의 철학을 노련하게 해석하지만, 블랑쇼가 서술하는 말하기는 레비나스와 미묘하게 다르다. 대화 상대자이자 나와 다른 사람인 타자에 관심을 두는 것이 아니라, 대화하는 두 사람 모두에게서 자기 정체성과 평정심을 앗아가는 기묘한 공간을 낳는 타자와의 관계 자체에 주목한 것이다. 이 때문에 『무한한 대화』의 서두에 등장하는 대화는 대화하는 이들이 아니라 그들의 피로함에 주의를 집중시키도록 서술되어 있다. 말을 주고받는 두 대화자에게 초점을 맞추는 대신에, 이들이 서로 하는 말에서 내비치는 힘 빠진 모습이 사람들 간의 일상 관계 밖으로 두 사람을 밀어 내는 방식을 그려내면서 피곤함으로 표현된 타자성의 공간이 관심을 끌도록 하고 있는 것이다.

이런 강조점의 미묘한 이동을 두고 블랑쇼와 레비나스의 의견 불일치라고 보는 것은 옳지 않다. 블랑쇼는 이를 통해 레비나스의 철학과 대립하지 않으면서 말하기를 글쓰기에 근접시킬 수 있었다. 블랑쇼가 보기에 가장 결정적인 것은 그저 또 다른 사람만을 가리키는 타자의 현존이 아니라 타인이 그 안에 현존하는 관계의 낯섦strangeness, 일상 언어와의 관계 바깥에 타인을 위치시키는 관계 그 자체의 낯섦이다. 글쓰기로 이 낯섦에 가까이 갈 수 있을까? 레비나스가 초기에 그러했듯이 우리가 글쓰기를 단지 정보로만 치부한다면 불가능하겠지만, 블랑쇼처럼 글쓰기를 정보로서가 아니라 문학으로서 인식한다면 어느 정도 가능할지 모른다. 그 이유를 알아 보려면 맨 처음에 논한 언어의 문제로 되돌아가야 한다.

알다시피 블랑쇼의 관점에 따르면, 언어는 부정이라고 볼 수 있다. 표현하고자 하는 관념을 위해 물질성이 부정된 낱말은 의사소통이 가능한 어떤 것, 말하자면 입에서 입으로 전해지는 것이 된다. 사물의 물질적 실재는 관념적인 것으로 바뀌어서 사유의 전체성과 단일성에 속하게 된다. 하지만 우리가 2장에서 보았듯이 낱말이 글로 쓰였을 때 나타나는 부재는 관념이 외부로 표출된 형식이라고만 볼 것이 아니라 관념의 퇴락이라고 해야 할 것이다. 글쓰기는 사물의 부재이자 관념의 부재이기 때문이다. 글쓰기는 사유를 보존하고 외부로 표현하는 단순한 도구가 아니라 사유가 단일성과 총체성을 넘어서는 언어를 직면하도록 해 주는 것이다. 글쓰기로서의 언어는 소산dissipation, 상실loss, 분산dispersal의 경험이며, 이때 언어는 내면에서 나온 생각을 처리해 주는 대신에 그 사유가 '바깥'을 대면하게 한다.

그러므로 글쓰기에서도 언어는 말하기에서와 유사하게 작가와 독자를 텍스트와의 낯선 관계 속에 위치시킨다. 언어는 작가나 독자와의 관계에서 모두 강력한 주체성을 표현하기는커녕 언어의 외재성을 드러내면서 주체성을 전복한다. 블랑쇼는 자신이 문학을 이해하는 방식과 레비나스가 윤리를 이해하는 방식이 모두 이 외재성에 속하며, 문학은 외재성에 다가갈 수 있는 단 하나의 길이라고 보았다. 아래에서는 언어의 바깥에 접근하는 일이 어떤 것인지 더 살펴보자.

서술하는 목소리

문학은 우리에게 이 '바깥'에 다가갈 기회를 준다. 일반적으로 우리는 언어를 언어로서 경험하지는 못한다. 언어가 사유에 종속되는 것이 일반적인 현상이기 때문이다. 사유는 언어를 보편적인 의미로 환원해 버리지만 문학작품은 언어를 언어로 경험하게 해 주므로 문학만이 유일한 언어 경험이다. 따라서 문학은 언어를 정의하지 않으며 모든 작품은 언어를 다시 한 번 재창조하려고 애를 쓴다.

문학을 읽을 때 각각의 작품마다 다른 경험을 겪는 일은 그 누구도 말하지 못하는 언어의 익명성, 블랑쇼에 따르면 '중성적인 것'의 체험이다. 언어의 중성성은 사유의 객관성과 같지 않다. 주체는 권위라는 익명의 목소리로 말하면서 자기 자신에게서 나오는 힘을 발휘해 보편적 진리의 대변자가 된다. 이런 것은 중성성neutrality이 아니다. 중성성은 의미 바깥에 있는 언어 그 자체의 표현이며, 말이든 글이든 그 어떤 언어의 담론보다 앞서 존재한다.

블랑쇼는 『무한한 대화』에서 언어의 중성성은 서술하는 목소리 narrative voice로 문학에 나타난다고 말한다. 이 목소리를 작가의 목소리라고 생각하기 쉽고, 저자의 목소리가 실제로 담겨 있는 것으로 보이는 책들이 있는 것도 사실이다. 하지만 이때 우리가 읽고 있는 것은 순전히 문학작품일까, 아니면 등장인물들의 믿음과 견해로 포장된 저자의 강박관념일까? 언어의 외재성이 아주 밀접하게 작용해 나타난 문학은 작가와 독자, 모두에게서 놓여나는 언어를 표출한다. 그 언어는 소통의 한계까지 밀어붙인 언어이거나, 혹은 미국의 현대 소설가 레이먼드 카버Raymond Carver(1938~1990)의 단편 소설들에서 볼 수 있는 분명하고 쉽게 소통하는 언어이다. 이 소통 안에서 어떤 '말할 수 없는' 것, 낱말의 신비로운 농밀함이 출현한다.

저자가 자기가 쓴 낱말들 속에서 사라지는 것은 개인이 사유의 객관성 속에서 소멸되는 것과 다르다. 사유하는 이는 자기가 표현하는 개념 속에 용해되어 버리지만, 저자는 개념이 아니라 그 낱말들 자체를 부각시키며 사라진다. 사유하는 이가 보편 사유의 단일 영역 안으로 사라진다면, 저자는 사유의 단일성과 객관성이 아니라 언어 그 자체를 표현하면서 자취를 감춘다. 글쓰기가 요구하는 바에 내맡겨져 있는 모든 문학작품은 자기만의 독특한 방식으로 언어를 표현한다.

서술하는 목소리는 작가의 내적 사유를 바깥에 보여 주는 것이 아니라 언어를 드러낸다. 블랑쇼는 저자가 '그를 향하는 나I to the he'(IC 380-1)의 운동으로 이를 경험한다고 말한다. '그'는 여기서 무엇일까? 누군가가 내 자리에서 쓰고 있거나 당신의 글을 읽고 있다는 뜻은 아닐 테니 인칭대명사 '나'나 '너' 같은 또 다른 사람을 가리키지는 않는다. 이 너무나 불분명한 서술하는 목소리는 아무에게도 귀속되지 않는 듯하다. (프랑스어의 'il'은 'it'과 'he'라는 뜻을 모두 지니고 있다는 점에 유의하자.)

이 목소리는 너무도 멀리에서 들려와 간신히 포착할 수 있고 딱히 누구의 목소리라고도 말할 수가 없다. 서술하는 목소리의 익명성은 어떤 미학적 목표 때문에 이야기의 서술에 개입하지 않기를 선택한 저자가 텍스트에서 거리를 두는 것과 혼동되어서는 안 된다. 그런 의도적인 거리 두기와는 달리 이 익명성은 텍스트가 독자와 작가에게서 모두 떨어져 나오게 하는 것이다. 희미하게만 식별되는 이 목소리는 텍스트에서 그리고 세계의 바깥에서 들려오는 것처럼 보인다. 서술하는 목소리인 '그'는 어떤 사람이나 개인의 대체물도 아니고, 이야기를 말해 주리라 가정되는 상상 속의 '그'마저도 아니며, 차라리 글쓰기의 익명성을 말해 주는 표지다.

중성성이 지배하는 서술은 3인칭 '그'의 보호 하에 유지된다. '그'는 사실 3인칭도 아니고, 아무도 칭하는 것이 아니라는 것을 나타내는 단순한 구실도 아니다. 서술하는 '그(il)'는 중성성이 말하는 터전이며, '그'는 주체가 보통 차지했던 자리를 떠맡는 데 만족하지 않는다. 주체가 겉으로 드러나 있는 '나'이든, 혹은 함축적인 '나'이든, 인칭과 관계없이 의미 작용에서 발생하는 사건이든지 간에 마찬가지다. 서술하는 '그'나 '그것'은 주체가 모든 타동사적인 행동과 객관적 가능성에 부적당하다는 듯이 주체를 전부 내쫓아 버린다. (IC 384)

앎knowledge도 물론 익명성을 갖는다. 하지만 앎의 익명성은 우리가 사유한 내용과 사유 그 자체를 구분하도록 해 주는 주체의 구조적 기능일 뿐이니 서술하는 목소리의 익명성과 다르다. 그 차이는 개념과 낱말 간의 차이가 이미 보여 주고 있지 않은가. 앎의 익명성과는 반대로 서술하는 목소리의 익명성은 주체의 외부에서 다가온다. 그러므로 낱말들이 개념과 분리될 때 나타나는 서술적 목소리의 익명성은 언제나 그때그때마다 독특하고 되풀이 될 수가 없다. 주체는 더 이상 언어의 지배자가 아니며, 내가 내 생각을 표현할 때 사용하는 도구에 불과하다.

나아가 언어가 내가 하는 이야기discourse와는 관계없는 자기만의 외재성을 발휘하면 주체는 언어에 내맡겨진다. 이해에 저항하는 문학을 접하면 이 외재성을 경험하게 된다. 아무도 말하거나 써 보지 못한 중성성으로서의 언어, 나에게 계속 되돌아오는 이 언어는 사뮈엘 베케트가 「이름 붙일 수 없는 것The Unnameable」[「몰로이Molloy」 「말론 죽다Molone Dies」와 함께 베케트의 『삼부작Trilogy』(1953)에 실려 있는 소설]에서 묘사한 것처럼 언어의 웅얼거림, 언어가 다가오며 바스락거리는 소리다. 블랑쇼는 베케트에 대한 에세이 「이제 어디서? 이제 누가?Where Now? Who Now?」(1953)에서 이렇게 쓴다.

말들은 어디에나 있다. 내 안에, 내 밖에 …… 나는 말들을 듣는다, 듣지 않아도 되는, 생각하지 않아도 들리는, 이 말들을 멈추게 하기란 불가능하다. 그만두게 할 수가 없다. 나는 말들 안에 있다. 다른 사람들의 말, 다른 사람들의 것…… 온 세상은 여기 내 안에 있다. 나는 바람 속에, 벽 속에, 성곽 안에 있다. 모든 것이 드러나고, 열어젖히고, 썰물처럼 빠져나가고, 밀려들어오는, 불꽃과도 같다. 나는 이 모든 불꽃과, 만나고, 뒤섞이고, 흩어지고, 나를 찾으러, 떠나려, 나를 향하려, 내게서, 다만 나인 내가, 나의 일부가 생겨나려고 할 때마다, 구해 내고, 잃어버리고, 길을 잃게 하고, 나는 이 모든 말들, 이 모든 이방인, 이 말들의 먼지이며, 머무를 곳 없는 그들과 함께, 흩어질 하늘 없이, 말하려 함께 오고, 말하려 서로에게서 달아나고, 나는 그들, 그들 모두, 어우러진 그들, 나누어진 그들, 결코 만나지 않을 그들이며 ……(SS 198)

웅얼거리고 바스락거리는 언어의 이미지를 통해서 우리는 마침내 왜 블랑쇼에게 글쓰기와 윤리가 반대편에 있지 않은지 알 수 있다. 전해야 할 도덕적·정치적 전언이 있는 문학은 윤리적이지 않다. 작품의 도덕적·정치적 요소는 행동의 세계를 거부하라는 글쓰기의 요구에 시달릴 것이다. 글쓰기가 요구하는 바를 작가가 묵살하면 작품은 우리에게 도덕적·정치적 훈계를 들려주는 교훈이 된다. 그러나 블랑쇼는 문학이 윤리적이거나 정치적인 전언을 가지고 있지 않다는 것을 분명히 했다. 윤리와 글쓰기는 모두 주체를 밀어 내는displace-ment 효과를 낳는다. 윤리에서 주체가 타자에 의해 의문시되듯이, 글쓰기에서 '나'는 자기 생각의 단일성과 일관성을 뛰어넘는 언어의 외재성에 내맡겨진다. 이런 식으로 글쓰기와 윤리를 연결시켜서 블랑쇼는 어느 한쪽도 저버리지 않으면서 자신의 친구인 레비나스를 넘어선다. 다음 장에서 우리는 정치라는 문제를 통해 글쓰기와 윤리의 관계가 깊어지는 것을 보게 될 것이다.

'언어의 바깥'에서 찾은 문학의 윤리

『무한한 대화』(1969)에 실린 글들을 쓰기 시작할 즈음부터 블랑쇼의 글은 형식상의 변화를 겪었고, 전반적인 방향도 바뀌게 된다. 비평과 소설 사이의 구분이 희미해지는 동시에 윤리와 정치가 문학의 의미를 탐구하는 그의 행보에서 더 많은 비중을 차지하게 된 것이다. 윤리 문제에 가장 큰 영향을 끼친 인물은 에마뉘엘 레비나스이다. 블랑쇼가 레비나스의 철학과 처음으로 마주한 지점은 세계가 실존의 무無 속으로 사라지려고 하는 어떤 분위기를 의미하는 '있음'이라는 현상이었다. 하지만 블랑쇼에게 무엇보다도 큰 영향을 준 것은 타자와의 관계를 중요시한 레비나스의 입장이다. 블랑쇼는 초기에 언어를 폭력으로 이해하면서, 낱말이 사물과 개념을 모두 부정하면 언어가 내 세계의 안정성을 뒤흔들어놓는다고 했다.(이는 또한 블랑쇼의 초기 언어 개념이 '있음'이라는 현상과 연결된다는 것을 보여 주기도 한다.)〔대상과 개념을 모두 부정하는 언어의 이중 부재가 드러내는 무無는 '있음'과 유사하다는 앞의 논의를 가리킨다.〕 그러나 레비나스에 따르면 타자와의 관계에서 말하기는 폭력이 아니라 내 자아의 존립을 위태롭게 하는 타자의 현존이며, 책임의 진정한 기초는 도덕적 가치의 옹호가 아니라 타자에 대한 '응답'이다. 블랑쇼는 글쓰기와 윤리 사이의 연결 지점을 레비나스가 주체를 비판한 부분에서 찾아낸다. 레비나스는 글쓰기를 정보 전달로만 한정지어서 말하기와 글쓰기를 서로 대립하는 것으로 보았다. 반면에 블랑쇼는 작가와 독자를 언어의 바깥에 노출시키는 것이 글쓰기라고 주장한다. 이 언

어의 바깥은 주체의 타자적 측면에서 나오는 목소리이며 누구에
게도 귀속되지 않는다. 블랑쇼는 언어의 바깥을 중성성이라고 칭
한다. 블랑쇼에게는 타자와 중성성 둘 다 우월한 주체가 지배하
지 못하는 언어를 묘사해 주는 말이다. 윤리와 문학 사이의 관계
를 고민한다면 문학 텍스트가 지닐 법한 어떤 도덕적 교훈에 매
달릴 것이 아니라, 본질적이고 가장 중요한 관련을 시사해 줄 이
언어의 바깥에 주목해야 한다.

06

민족주의자 블랑쇼
- 제2차 세계대전 이전의 활동

블랑쇼의 우익 활동과 좌익 활동

6장에서는 논란거리인 2차 대전 이전 블랑쇼의 활동에 대해 알아본다. 그는 1930년대에 여러 우익 신문들에 글을 실었다. 이때 그가 쓴 글에 인종주의나 파시즘이 담겨 있다고 의심하는 경우도 없지 않으나, 주로 문제가 된 것은 반유대주의적인 기사를 쏟아냈던 매체들에 관계했다는 점이다.

블랑쇼의 언론계 활동을 바라보는 시각은 두 가지로 갈린다. 어떤 사람들은 그때 쓴 글들을 완전히 무시하려고 하고, 반대로 어떤 이들은 이를 빌미 삼아 그가 쓴 글 전부를 폐기 처분하고 싶어 한다. 그러나 이 두 극단적 입장은 모두 별 쓸모가 없다. 그 대신에 던져 보아야 할 질문은 이런 것이다. 블랑쇼에게 정치란 1930년대의 활동에 근거를 두고 있는가? 그렇다면 익히 알려져 있는 블랑쇼의 1950년대 후반과 1960년대의 좌익 활동, 특히 68혁명 시기의 정치 참여는 어떤 의미를 갖게 되는가?

1930년대 블랑쇼의 언론계 활동

최근에 블랑쇼는 사람들의 입에 자주 오르내렸다. 화제가 된 것은 문학의 상호 관계성이나 문학과 윤리 등에 대한 미묘하고 심오한 그의 접근이 아니라, 그의 첫 번째 정치 참여라고 할 수 있는 제2차 세계대전 이전의 언론계 활동이었다. 이 책의 서두에서 다룬 바 있는 이 '스캔들'은 블랑쇼의 정치사상을 이해하려면 꼭 짚고 넘어가야 하는 부분이다.

블랑쇼는 우익 신문들에 문학 및 정치 비평을 실으면서 문필 활동을 시작했다. 블랑쇼 자신이 쓴 글보다는 그가 기고한 이 신문들에 실린 기사들이 반유대주의적이었다는 사실이 더 문제였다. 하지만 문학판을 흔들어 놓은 다른 추문들과 관련되지 않았다면 그냥 그런가 보다 하고 넘어갔을지도 모른다. 그런데 저명한 문학평론가 폴 드 만(1919~1983)이 독일 점령기 벨기에에서 살던 젊은 시절에 극우

1968년 5월   주로 프랑스를 중심으로 벌어진 1968년의 봉기는 파리의 대학
생들이 낭테르 대학의 폐쇄에 항의하는 시위에 나서면서 촉발되었
다. 진작부터 벌어지고 있던 베트남 전쟁 반대 시위가 여기에 결합
했다. 샤를 드 골 장군의 보수 정부는 억압적이었다. 또한 전쟁이
끝나고 나서도 기대했던 것만큼의 자유화나 노동계급 해방이 이루
어지지 못했다는 불만이 기름을 끼얹었다. 그러므로 68혁명은 실
업, 가난, 사회적 불공평에 대한 반란이었다. 5월 3일 파리 시내의
유명 대학인 소르본에서 시작된 학생과 경찰 간의 시가전은 파리
전역을 가로질러 프랑스의 다른 산업 중심지들을 향해 걷잡을 수
없이 빠르게 확산되었고, 곧 유럽의 다른 나라들에게도 영향을 끼
쳤다. 독일 학생들은 시위를 조직하고 프랑크푸르트와 베를린에서
시가전을 벌였다. 몇 주 후 1,200만 명에 달하는 프랑스 노동자들이
파업을 시작했고 경찰과 300명의 학생들 사이의 시가전으로 시작된
사건이 서유럽의 정치적 전망에 지속적인 영향을 끼치는 운동이 되
었다.

적이고 반유대주의적인 글들을 썼다는 증거가 나타났으며, 탈구조주의 진영의 많은 문학평론가들에게 큰 영향을 끼친 하이데거는 1933년에서 34년까지 독일 나치당에 동조하였다. 여기에 데리다는 블랑쇼에게 빚진 바가 많았고, 폴 드 만의 절친한 친구였으니 탈구조주의 문학 운동 전체가 오명을 뒤집어쓰게 되어 버렸다. (데리다가 유대인이라는 사실은 편리하게 무시되곤 한다.)

이런 식의 덤터기는 말도 안 될 뿐만 아니라 어떤 사상을 이해하려고 해 보기도 전에 불신하게 만든다. 이 문제는 언론에게 좋은 먹잇감이었다. 하지만 그렇다고 해서 2차 대전 이전 블랑쇼의 언론 활동을 없는 셈 치는 것이 능사는 아니다. 그가 벌인 활동은 정치와 문학의 관계에 대한 그의 생각을 알려 주기 때문이다.

그의 초기 글들은 잘 정리되어 있고 누구나 쉽게 읽어 볼 수 있다. 하지만 프랑스에서는 말해 봐야 골치 아플 뿐이니 대충 덮고 지나가자는 식의 분위기가 지배적이었다. 1950~60년대에 블랑쇼의 글은 프랑스 지성계에 확고부동한 영향력을 행사하고 있었고, 예전의 정치적 입장은 완전히 잊혀진 듯했다. 그래서 1966년 유력 잡지인 《비평》이 미셸 푸코와 폴 드 만 같은 저명한 인물들이 필진으로 참여한 블랑쇼 특집을 실었을 때 블랑쇼의 과거를 언급한 대목은 전혀 없었다. 블랑쇼가 말한 글쓰기의 익명성에 비추어 이들의 침묵을 정당화해 볼 수는 있다. 글은 작가에게 속하지 않으며, 우리는 그 의미를 저자의 생애에서 찾아서는 안 된다고 했으니 말이다. 하지만 익명성은 저자의 생애에 대해 침묵하라거나 작가의 윤리적 책임을 무시하라는 뜻은 아니다.

그러므로 우리는 블랑쇼의 과거를 모른 체하지 않으면서도 예전에 벌인 활동과 나중에 취한 극좌적 입장이 어떤 관계인지 따져 보아야 한다. 하지만 그가 쓴 문학비평·소설·서사의 핵심적인 진실을 정치에 관한 글들 속에서 찾을 수 있다고 보는 경솔한 자세에는 동의하기 어렵다. 블랑쇼의 정치적 글이 중요하지 않아서가 아니다. 그런 주장은 어떠한 텍스트도 저자의 삶에 근원을 두는 단 하나의 '진실'로 환원될 수 없다고 힘주어 말한 블랑쇼에게서 우리가 배울 수 있는 모든 것을 거부하는 태도이다. 더욱이 블랑쇼가 1930년대에 했던 주장이 그의 사상 전부를 결정짓는다는 주장은 그의 복잡한 정치적 입장을 단순하게 만들어 버린다.

블랑쇼가 초기에 쓴 글들의 특징을 잡아내려면 1930년대 프랑스의 사회적 상황을 이해해야 한다. 당시에 다른 유럽 국가들과 마찬가지로 프랑스는 대량 실업, 사회 분열, 전쟁의 위협 등이 점차 증가하면서 큰 사회적 긴장 상태에 놓여 있었다. 자유민주주의는 실패한 듯이 보였고 정치는 좌익과 우익의 양 극단으로 찢어져 있었다. 프랑스 민족주의는 이탈리아나 독일의 파시즘과 다른 그 나름의 전통이 있었는데, 파시즘적 요소들을 가지고 있었지만 다른 곳과 달리 공격적이지는 않았다. 그래서 블랑쇼의 경우처럼 프랑스 우익 민족주의자가 격렬하게 독일 파시스트를 반대하는 것이 충분히 가능했다. 말하자면 파시즘은 획일적이지 않다. 프랑스 파시즘 운동의 거의 대부분이 반유대주의긴 하지만, 반유대주의적이지 않은 우익 민족주의자도 얼마든지 있었다. 게다가 1936~37년에 프랑스 공화국을 이끈 레옹 블룸Léon Blum은 유대인이었다. 〔1872~1950. 20세기 전반에 프랑스에서 가장 활발히 활동한 사회주의자로서 문필가이자 정치가였다. 사회당 당수를 지냈으며 1930년대에는 반反파시즘 인민전선 내각의 수반을 지냈다. 제2차 세계대전이 끝난 후인 1946년 총리 및 외무장관에 올랐다. 블랑쇼가 반유대주의자라는 혐의를 받게 된 데에는 30년대에 레옹 블룸을 반유대주의적인 수사를 동원해 비난한 전력이 일정 부분 작용하였다.]

블랑쇼는 이 시기의 자유민주주의가 내세운 타협의 정치에 반대한 탓에 우익이 되었다. 타협적인 태도로는 점차 힘을 기르던 이웃 나라들, 특히 독일과 러시아를 막아 내기가 어려울 것이므로 외세를 막으려면 자유주의 체제를 폭력으로 뒤엎는 혁명이 필요하다고 외쳤으며, 당시에 프랑스를 통치하면서 안보 문제가 없다고 국민을 속이고 안보 위협을 완전히 잊은 것처럼 행동하는 온건파들이야말로 가장 큰 위협이라고 주장하였다. 온건파가 히틀러의 침략 가능성을 아예 무시하는 데다 프랑스는 아무 준비도 안 되어 있다고 한 블랑쇼의 예견은 전쟁 발발로 실현되었다. 그러나 왜 이 통찰이 블랑쇼로 하여금 정치적 스펙트럼의 오른편으로 가담하게 만들었을까?

전쟁 이후와 달리, 1930년대 블랑쇼는 민족적 운명의 숭고함을 미리 보여 준 신화에 근거해야만 민족 공동체가 성립될 수 있다는 민족주의적 이상에 동조하고 있다. 이 부분은 당대에 독일과 이탈리아에서 일어난 정치 운동과 유사하다. 그는 신화를 근거로 삼아 타락한 프랑스를 구원해 줄 폭력과 피를 찬양하는 말들을 합리화하려고 애를 쓴다. 마지막 장에서 보게 되겠지만, 이 관점은 후기의 블랑쇼가 가장 맹렬한 비판을 퍼붓는 대상이기도 하다. 그는 「의문 속의 지식인들Intellectuals under Scrutiny」(1984)에서, 자신은 경제 문제를 내세우면서 정치 영역을 축소하려는 시도들에 반대하고자 신화에 근거한 정치를 지지하는 민족주의적인 글들을 쓴 것이었으나, 의도와 달리 민족주의적인 정치는 정치를 아예 없애 버리는 것으로 귀결되었다는 성찰과 함께 30년대에 쓴 글들에 용서를 구한다.

'목가牧歌'

1930년대의 실제 정치적 상황에서 잠시 눈을 돌려 지금의 시점에서 생각해 보면, 공공의 장이 소극적 기능만을 수행할 때 암묵적으로 정치의 영역 자체가 없어지게 되는 경향을 경계했기 때문에 블랑쇼가 자유민주주의를 비판했다는 것을 쉽게 알 수 있다.

그가 제1차 세계대전과 2차 세계대전 사이 시기의 프랑스 민주주의에 반대하면서 현실에 참여한 근저에는 '경영 이데올로기'가 이끄는 자본주의 사회에 대한 비판이 있었다. 즉, 정치 문제를 경제 문제인 양 포장해서 정치를 없애려는 움직임에 반대했던 것이다. 이 문제의식은 시기와 상관없이 그의 모든 정치 비평의 중심에 자리한다. 정치제도만이 아니라 문화 영역도 '단일성에 매혹'되고 있다.(F 72) 사회의 단일성과 문화의 단일성은 단독자인 인간을 전체를 구성하는 하나의 원자로 이해하라고 번갈아 가며 강요하고는 이를 개인이라고 부른다. 하지만 블랑쇼에 따르면 이 같은 개인 이념은 자유주의의 약점을 추상화한 것에 불과하다.

이 말은 모순되어 보인다. 대개 민족주의가 자유화를 거부하는 형태로 나타나는 반면에 민주주의는 자유의 보편성을 강조하는 이념으로 받아들여지지 않는가? 하지만 블랑쇼는 오히려 자유주의 안에서 전체주의의 숨겨진 형태를 읽어 낸다. 초기의 우익 참여에서부터 후기 극좌파 참여에 이르기까지 그의 비평이 일관되게 추구했던 목표는 바로 이 전체성을 중단시키는 것이었으며, 30년대에 내세웠던 민족주의는 그 출발점일 따름이다. 블랑쇼는 20세기의 정치가 눈에 띄지 않는 사회의 장벽을 무너뜨리면서 반드시 혁명적인 역할을 수행해야 한다고 주장한다. 이렇게 보자면, 정치적 참여란 낯선 사람의 출현이 고향 마을의 동질성을 뒤흔들 듯이 사회를 혼란시켜야만 하는 것이다. 사회는 이 낯선 자를 동일화시키려고 할 것이나, 이방인으로 남으려면 그 동일화를 거부해야 한다. 이 낯선 사람이 있는 그대로 남으려면 사회를 혼란시킬 수밖에 없으나, 어떤 사회든 열린 사회라고 공언하는 사회라면 그들이 갖는 특수성을 없애려고 하지 않으면서 이들을 받아들여야 할 것이다.

블랑쇼의 첫 번째 허구물인 「목가牧歌・The Idyll」(1936 ; in SBR 5-33)에서 이 부분을 이끌어내 보자. 이 작품은 그가 외국 혐오적인 관점을 지지하는 것으로 보이던 시기에 쓰였다.〔1935년에 쓰인 소설이지만 발표된 것은 1979년이다.〕 주인공인 알렉상드르 아킴은 문면에 분명히 드러나지 않은 어떤 사회의 수용소에 감금되어 있는 이방인이다. 그런데 이곳은 묘하게도 목가적인 공동체이다. 수용소에서는 타향 사람을 환영하고 음식과 숙소를 제공해 준다. 그 대신에 노역을 해야하지만 별 의미 없고 대단찮은 일이다. 이 시설을 운영하는 이들은 친절하고 행복해 보이며 옆 마을의 주민들도 언제나 잘 대해 준다. 모든 게 보이는 그대로는 아니라는 경고를 누군가에게 들었지만 아킴은 별다른 위험을 느끼지 못한다. 가끔 자기 의무를 다 하지 않는 이들이 징벌을 받기는 하지만, 징벌을 가하는 사람들도 유감의 빛이 역력하다. 이곳의 관리자들과 이방인들은 아주 특이한 공동체를 이룬다. 중간이 없이 친절하거나 잔인한 면모 사이만을 오간다고 해도 항상 미안해하는 듯한 모습을 보이니, 억압하는 사람과 억압받는 사람을 구분하기가 어렵다.

블랑쇼가 이후에 쓴 글에 따르면 불의不義는 개인 간에 일어나는 문제가 아니다. 내가 하는 일이 정말 정당한지 아닌지는 오로지 그 체제system에 달려 있다.(F 66-7) 통합을 요구하며 모든 일탈자들에게 벌을 내리는 「목가」의 사회는 문제적이다. 이 사회의 동질성에 흠집을 내는 행위는 완전히 금지되어 있다. 이방인은 이방인으로서가 아니라 사회의 전체성에 통합될 기회를 얻는 인간의 한 예로서 받아들여진다. 단일성에 매혹된 자유주의 사회는 전체주의로 기울게 되므로 위험하다. 아킴은 그를 자유롭게 해 줄 공동체의 일부가 되길 원하지 공동체 아닌 전체의 일부이기를 바라는 것은 아니다.〔아킴은 수용소에 처음 도착했을 때 간호사에게 자기가 공동생활로 돌아가게 되느냐고 묻는다. 간호사가 "모두 여기 함께 살지만 공동생활이란 없다."고 대답하자 그는 "아니, 나는 자유로운 생활을 말하는 건데"라고 중얼거린다.(SBR 8)〕

공동체가 아닌 전체성은 구성원들 간의 윤리적 관계를 억압하는 형태이다. 윤리적 관계를 이야기하려면 서로 다른 사람들의 생생한 실상을 말해야 하며, 이를 그저 '인간'이라는 유형이 보여 주는 각기 다른 특성 간의 형식적 관계로 생각해서는 안 된다. 아킴이 정착한 이곳은 어떤 외부인도 자기가 '인간'에 속한다고 인정하기만 한다면

야 기꺼이 받아들여 주는 사회처럼 보인다. 그러나 '인간'이라는 관념은 사람들이 자기 자신을 일반성 속에 집어넣어 이해하도록 만들어 버리므로 국외자에게 '우리 중 하나'가 되려면 너의 정체성을 포기하라고 요구한다. 이를테면 우리가 '모든 인간'이라는 말을 입에 올린다고 해 보자. 여기에서 인간이라는 관념을 통해 우리가 뜻한 바는 사실 21세기를 살아가고 있는 자기 나라 사람이다.

아킴이 새로 온 사람에게 이곳을 설명하는 대목을 보자. 그의 절규는 우리의 현대 자유민주주의에 대한 알레고리로 읽힌다.

당신은 여기에선 이방인으로 남기가 어렵다는 걸 알게 될 거요. 하지만 완전히 여기에 동화되는 것도 쉽지 않아요. 고향을 그리워하면 매일매일 그리운 일들이 생각날 겁니다. 하지만 그럭저럭 잊을 건 잊고 이 새로운 고향을 사랑하기 시작하게 되면, 당신은 집으로 보내질 거요. 그리고 또 한 번 뿌리 뽑힌 존재가 되어 새로운 떠돌이 생활을 시작하겠죠.(SBR 24)

결혼해서 귀화하라는 제의가 들어오자 아킴은 거절하고 탈출을 시도한다. 이 탈출은 사회에 대한 이의 제기로 간주되어 아킴은 붙잡히고 사형당한다. 아킴이 자유를 획득하는 방식은 희한하다. 단일한 사회의 균열을 드러낸, 그의 죽음을 지켜보는 사람들의 시선 속에서 자유를 느끼는 것이다. 우리가 인간을 타자로서 경험한다면 이방인인 알렉산드르 아킴은 인간을 상징한다.(5장을 참고)

블랑쇼는 정치의 주요 문제가 무엇인지 살펴보면서 "사람만이 내게 완전한 타향"이라고 말한다. (IC 60) 내가 대상들의 세계에 알맞게 행동하여 잘 적응해 그 세계를 친숙하게 느낄 때, 타자는 그 세계를 분열시키는 존재로 나타난다. 이방인은 타자인 인간의 이미지이다. 그러므로 정치의 문제란 공동체가 다른 존재로서의 타자를 환대할 수 있느냐, 즉 계속 균열을 경험하면서도 존재할 수 있느냐의 문제가 된다. 정치 참여라는 관점에서 보자면 정치에서 가장 결정적인 문제는 블랑쇼가 1968년에 말했듯이 "밖으로 나가라고, 바깥으로 향하라는 요청"에 있다. (BR 202)

이렇게 본다면 정치 참여는 전쟁 전에도 후에도, 항상 혁명적인 것으로 남을 것이다. 영구한 혁명이라는 관념은 사회가 차이 없는 전체성으로 나아가는 경향에 끊임없이 제동을 거는 작업이다. 그래서 블랑쇼가 1968년의 봉기가 얼마나 중요한지를 자주 언급한 것은 68혁명이 대안을 갖춘 이데올로기에 기반했기 때문이 아니다. 68혁명은 순수한 정치적 중단을 보여 주었기 때문이다.

첫 번째 정치적 후퇴

블랑쇼의 공개적인 정치 참여는 제2차 세계대전 발발과 함께 일단 끝을 맺었다. 전쟁은 정치 참여의 가능성을 억눌렀다. 하지만 더욱 특기할 만한 것은 2차 세계대전이 정치 영역을 영원히 변화시켰다는 사실이다. 만약에 정치가 다른 존재로서의 타자와 맺는 관계와 밀접한 것이라면, 유대인 학살 수용소—타자성을 고집하는 존재라고 생각되어 박해받은 한 민족의 절멸—는 정치 영역을 완전히 끝장내는 사건이다. 이 절대적인 사건은 문명화를 이룩하는 힘이라고들 말해 온 유럽의 문화와 합리성 전체를 의문투성이로 만들었다. 유대인 학 살은 블랑쇼에게 결정적으로 중요한 의미를 지녔고, 그런 만큼 대부 분의 프랑스 좌파들이 이스라엘에 맞서 싸우는 팔레스타인의 투쟁에 지지를 표명한 1969년 그가 두 번째로 정치에서 후퇴하는 명분이 되 었다. 어떤 이들은 블랑쇼가 정치적으로 점차 유대주의의 대의를 확 신하게 되었다고 말할지도 모른다.

정확히 언제쯤 블랑쇼가 극우파에서 극좌파로 옮겨 갔는지는 불분 명하다. 하지만 전쟁은 분명히 중요한 역할을 했다. 이미 그는 외국 인 혐오와 반유대주의가 특징인 극우파 활동에 이물감을 느끼고 있 었으며, 특히 1930년대 들어 우파 진영에 파시즘적인 요소들이 점점 더 많아진 것이 이 변화를 촉발시켰다. 전쟁기에 만난 프랑스 작가 바타유와의 친교는 그의 정치사상 발전에서 가장 결정적인 지점이었 을 것이다. 바타유가 전개한 공동체에 대한 반성은 이후 블랑쇼가 정치사상을 발전시키는 데 큰 역할을 했다.

블랑쇼는 1937년에서 1958년까지는 공개적으로 정치적 논의에 참 가하지 않았으나, 드 골 장군이 권력을 차지하자 반대를 표명했다. 블랑쇼가 자신이 이전에 품었던 정치적 이상이 마침내 실현되려는 때에 정치로 돌아온 것이 아이러니라고 말하는 사람들도 있다. 드 골 장군과 우파 정부의 권력 장악에 대항하면서 그가 싸운 상대는 아마도 자신이 과거에 확신했던 우파적 사상이었으리라는 것이다. 그러나 '우파 편'이나 '민주주의 편'이라는 선입견은 블랑쇼의 정치 적 위치를 근본적으로 곡해하는 것이다. 1930년대에 그가 취한 정치적 입장을 옹호하려는 것이 아니다. 전쟁 전이든 후이든지 간에, 블랑쇼는 독일 점령 기간에 프랑스의 임시 정부였던 비시 정부를 멀리한 것과 마찬가지로 드 골 정부 같은 쇼비니즘적인 권력에 반대하였을 것이라는 점을 말하려는 것이다.

우파들이 이끈 비시 정부는 프랑스가 독일에 협력하도록, 즉 은근슬쩍 점령을 합법화하려고 했다. 블랑쇼가 1937년 정치에서 손을 뗀 것은 우파에 가담한 것이 치욕이어서 문학과 문학비평의 순수한 영역으로 철수한 것이 아니다. 사실 전쟁 기간에 그가 쓴 글은 고도로 정치적이었다. 1943년에 나온 『헛발*Faux Pas*』, 그리고 특히 『불의 몫』(1949)을 보면 문학을 통한 그의 참여는 언제나 정치적인 조건 하의 참여라는 것이 분명하다. "쓰는 것은 참여이다. 쓴다는 것은 자기 실존에, 가치 중심의 세계에 의문을 제기한다."(WF 26) 작가는 정치성을 내버릴 수가 없다. 1959년에 블랑쇼가 쓴 글을 보자. "사실, 두 작가가 만나면 (다행스럽게도) 문학에 대해서는 이야기하지 않는다. 언제나 정치 이야기로 운을 뗀다."(SBR 453) 블랑쇼 같은 작가에게 정치성은 항상 문학이라는 문제와 밀접했지만, 이 말은 작가가 정치적 사건에 관해 작가로서의 행동으로 입장을 표명해야 한다는 뜻이 아니다. 나중에 우리는 작가의 정치 참여 문제를 더 다루어 볼 것이다.

블랑쇼가 정치성과 아예 동떨어진 '문학의 세계'로 도피했다는 주장도 있으나, 다음에서 보게 되다시피 블랑쇼에게 정치 문제와 문학은 본질적으로 연결되어 있었다. 1937년과 1958년 사이에 그가 정치 문제에 적극적으로 개입하지 않은 것은 사실이지만, 『밝힐 수 없는 공동체』(1983)의 앞머리에서 "나는 끊임없이 해 왔던 반성, 공산주의

의 절박성에 대한 성찰을 다시 해 보려고 한다."(UC 1)라고 밝힌 것
도 틀린 말이 아니다.

샤를 드 골Charles de Gaulle(1890~1970) 샤를 드
　　골은 1958년부터 69년까지 프랑스의 대통
　　령이었다. 프랑스의 엘리트 군사교육 기
　　관인 생 시르 육군사관학교에서 교관으로
　　군대 경력을 쌓기 시작했으며 제1차, 2차
　　세계대전에 모두 참전했다. 1940년에 준장
　　이 된 이후로 '드 골 장군'으로 불렸다. 독
일이 프랑스를 점령하자 프랑스군의 패배를 받아들이는 대신에 영
국으로 건너가 자유 프랑스군을 조직하고 고국 사람들에게 싸움을
독려하여 명성을 얻었다. 전쟁 막바지에는 북아프리카로 가서 프랑
스 임시정부를 만들었다. 드 골은 1944년 프랑스 해방 후 임시정부
와 함께 파리로 돌아왔다. 1946년 공직에서 사임한 지 몇 달 후, 새
헌법의 자유주의적 성격에 반대하는 정당을 조직하였다. 1958년
봄, 프랑스 공화국이 알제리 독립전쟁으로 혼란에 빠지자 정치적
갈등의 위에 군림하는 강력한 지도자로 자리매김하고는 독재적인
우파 정부를 조직하여 권력을 한 손에 쥐고, 비상시라는 이유로 정
치적 억압을 합리화하였다. 많은 프랑스인들은 드 골 장군의 정부
가 위장된 군사 쿠데타라고 생각했고, 실제로 그는 정치적 목적을
달성하기 위해서라면 군사적 수단의 사용도 주저하지 않았다. 드
골은 자신의 바람이 이루어지지 않으면 즉각 사임하겠다는 위협과
함께 국민투표를 되풀이하며 통치하였다. 그의 치세에 프랑스는 강
대국의 지위를 되찾으려 시도하였다. 독자적인 핵무기 개발을 하였
고, 나토에서 탈퇴하였으며, 여타 포퓰리즘적인 목표들을 추구하였
다. 1968년의 봉기가 그의 통치를 위협하였으나, 그는 또 한 번 집
권에 성공하였다. 그러나 1969년 본인이 제안한 국민투표가 부결되
자, 드 골은 위협해 온 대로 79세의 나이에 퇴진하였다.

1958년 이후 블랑쇼는 급진 좌파 운동에 참여하였다. 그는 '문학적 공동체'의 형성을 꾀하며 정치 영역에서 문학이 차지하는 본질적인 부분을 계속 사유하였다. 정치와 문학에 대한 그의 사유를 이해하려면 자유민주주의와 '정보 사회'에 대한 그의 비판을 다루어 보고, 문학이 인간 공동체에서 수행하는 본질적 역할을 규명해야 한다. 그러면 공동체와 공산주의라는 정치적 이상을 그가 어떻게 문제화했는지를 따져 볼 수 있게 될 것이다. 이 간단한 설명으로 블랑쇼 사상의 시기적 발전을 모두 따라잡기는 어렵겠지만, 중요한 것은 그 숨겨진 일관성을 보는 일이다.

1930년대의 정치적 '스캔들'

우리는 1930년대 블랑쇼의 정치 참여가 낳은 '스캔들'을 단순한 이야깃거리로 삼을 것이 아니라, 한 작가의 삶과 업적이 갖는 일관성이 무엇인지 생각해 보는 계기로 삼아야 한다. 앞에서 다루었듯이 블랑쇼의 정치 지향은 1930년대와 50~60년대 사이에 급격하게 변했으나, 정치를 공공부문 관리로 축소시켜서 설 자리를 잃게 하는 힘인 자유민주주의에 대한 비판은 항상 남아 있었다. 하지만 그가 나중에 깨달았듯이, 그 자신이 정치적 삶을 똑같이 축소시키는 공동체의 신화적 토대로 회귀할 것을 요구했었다는 점에서 블랑쇼도 자기의 비평 활동 초반의 정치적 관점을 '스캔들'로 보았을 것이다.

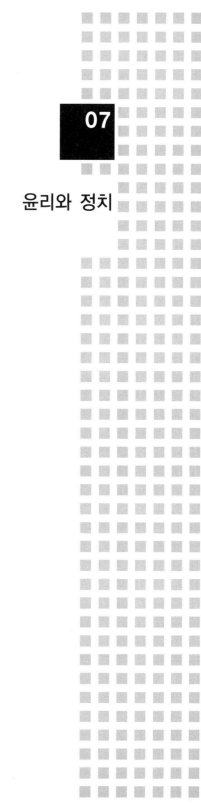

07

윤리와 정치

인간이 처한 윤리적 상황

7장에서는 블랑쇼가 인간이 처한 윤리적 상황을 어떻게 반성했는지 알아보고, 이 반성에 담겨 있는 블랑쇼 정치사상의 근원을 추적해 볼 것이다. 모든 정치사상은 공동체 속에서 인간 존재가 어떤 식으로 살아가는지를 사유하기 마련이지만, 사람들이 특정한 정치적·경제적 관념에 어떻게 반응할 것인지를 예견해보는 선에서 그치는 경우가 많아 현대 정치사상의 상당수는 최선의 경제 운영 방안이 무엇인지 묻는 것으로 축소되고 만다. 블랑쇼는 이런 쪼그라든 정치 개념을 주로 비판한다. 정치사상이 규정하는 대상이자 그 기초인 인간 공동체의 본질을 숙고하지 않는 정치사상은 정치적 삶 그 자체를 아예 없애는 방향으로 나아가게 될 것이기 때문이다.

전통적으로 정치란 전쟁을 멈추려고 체결한 군사협정들이 발달한 것으로 여러 사회집단끼리의, 그리고 각 집단 내 구성원들끼리의 권력 분배에 관한 법적 지배이자 정치제도들의 역사로 여겨져 왔다. 정치학 교육 과정에서도 공동체의 조직과 부, 권력, 노동력, 양식 공급의 분배와 재분배 등을 다룰 뿐 인간 공동체 자체를 연구하는 경우는 드물다. 정치가 선전 활동이나 의사소통 같은 공동체의 언어와 관련되어 있기는 하지만, 정치학에서는 권력이 집중되고 실행되는 방식을 드러낼 때에 한해 공동체를 다루어 왔다. 흔히 우리는 정치를 말할 때 무엇이 인간 공동체를 가능하게 하는지는 생각해 보지 않는다. 어떤 공동체에서의 삶을 말할 때 보통은 생산, 일, 행위만을 떠올리고 공동체의 가능성 그 자체는 신경 쓰지 않는 것이다. 대개 우리는 공동체의 존재가 당연하다고 받아들인 후 어떻게 공동체를 조직할 것인지만 이야기한다.

하지만 도대체 무엇이 공동체가 존재하도록 해 주는가? 매일같이 수많은 사람들과 다양한 관계를 맺는 우리는, 이 모든 관계를 언어가 매개한다는 것을 쉽게 알 수 있다. 가령 물건을 살 때도 점원과 말을 하게 되고 어떤 이론을 이해하려고 할 때도 강사의 강의를 들어야 한다. 친구와 요즘의 정치 쟁점을 놓고 이야기하는 동안 의회에서는 정치인들이 어떤 법을 제정하려고 토론을 벌인다. '누구든' '다른 사람'과 이야기하는 일상의 모든 상황에서 언어가 매개하는 관계를 만난다. 텔레비전 앞에 홀로 앉아서 가공의 인물들이 서로 말을 주고받으며 살아가는 삶을 엿볼 때까지도 포함해, 언어 공동체는 우리 삶 대부분을 차지하며 인간 공동체는 언어가 만드는 소통에 의지한다. 미디어를 통해서든 개인적인 체험을 통해서든 이처럼 언어를 매개로 한 소통 방식은 우리의 삶에서 점점 더 비중을 높여 가고 있다.

앞서 5장에서 윤리의 언어를 다루며 보았던, 정보를 중심으로 한 소통 모델은 개인으로서의 우리 실존에 아무런 '보탬'이 되지 못한다. 그렇지만 우리는 언어 공동체에 속해있는 존재로서만 개인이 될 수 있으니, 결과적으로 언어적 소통이 우리 존재의 본질적인 측면을 대신해 버리고 있는 것이다.

3장에서 하이데거가 '나는 다른 것으로 대체될 수 있다'는 깨달음에 고통받는 일상적 상황을 지적했듯이, 우리는 타인들을 일상에서 친숙해진 물건들처럼 다룬다. 살아가면서 그때그때 세우는 계획 속에 타인들을 포함시켜 생각하고 있는 것이다. 영화를 보러 가고 싶으면 함께 갈 친구를 찾게 된다. 그래야 혼자 영화관에 앉아 있는 일을 피할 수 있다. 주말에 놀러 가고 싶으면 여행사 직원을 어떻게 구워삶을까 궁리한다. 그래야 그 사람이 내게 가장 알맞은 여행 계획을 세워 줄 것이다. 내기에서 이기고 싶으면 상대의 움직임과 계획을 잘 관찰한다. 주식을 살 때면 나중에 매수자가 몰려서 가격이 오르기를 기대한다. '세계'라는 말이 내가 내 상황과 환경에 대해 알고 있는 바의 전체로 이해된다고 보는 한, 이 모든 행동들 속에서 다른 인간 존재들은 내 세계의 일부분이다. 여기에서 타자는 사물들과 비슷하게 취급될 뿐이다. 다른 이의 행동을 객관화해서 그들이 어떤 계획을 세우고 행동할지 계산해 보고 그들이 나와 같은 인간이라는 조건 하에서 경험에 따라 실행한다. 즉, 나는 타자를 나 자신과 동일시해 파악하고, 타자가 내가 미처 알지 못했던 방식으로 행동한다면 과거에 겪어 보았던 경험에 의해 그 동일시를 수정해 타자를 이해한다. 법을 만들고 결정을 내리는 정치의 장에서도 똑같은 일이 벌어진다.

정치 문제가 언어나 문학의 문제와 아주 밀접하게 관련되어 있는 이유가 여기에 있다. 어떤 공동체든 언어와 문학의 근원이라 할 수 있는, 블랑쇼가 글쓰기라고 부른 것에서부터 출발한다. 권력을 정치적인 용어로 이론화하면 자기의 목소리는 들리게 하고 타자의 목소리는 침묵시키는 말하기speech의 힘이라고 할 수 있다. 그러나 우리는 우리가 언어 공동체에 속해 있다는 사실에 근거해 말할 수가 있다. 언어가 모든 공동체와 개인성의 근원이라고 생각한 블랑쇼는 자유민주주의의 이론들에 대항하는 길을 갈 수밖에 없었다. 대개 자유주의에서는 독립적이고 본래 사적인 개인이 실존한다고 가정해 왔기 때문이다. 이런 개인들은 서로 교환 관계를 맺으며 언어를 소통의 수단으로만 삼는다고 간주된다. 자유민주주의의 이론들에 따르면, 모든 정치적 문제들은 우리 오성悟性·understanding의 범주 안에서 일어나니 빈틈없는 해결책을 마련해 해법을 찾아낼 수 있다.〔칸트의 설명에 따르면, 오성understanding과 이성reason은 모두 감성과 구분되는 정신 활동이지만, 오성이 개별 경험과 관련되면서 범주와 개념을 통해 경험적 대상을 인식하고 현상을 판별하는 능력이라면 이성은 경험적 차원을 넘어서 추리하고 판단하는 이념의 능력이다. 블랑쇼는 근대가 오성에 지나치게 의존했기 때문에 자유민주주의를 비롯한 현대사회의 여러 문제들이 심화되었다고 보고 이성에 기대를 건다.〕

이와 달리 언어의 관점에서 공동체를 바라본 블랑쇼는 오성이 공동체를 회복시켜 줄 것이라고 생각하지 않는다. 인간 공동체 그 자체가 취약하다고 그가 판단하는 지점이 여기다. 인간 공동체는 오성의 영역을 벗어나기 때문에 독자적인 개인의 주권을 내세우면 공동체는 쉽사리 억압받게 된다. 또한 공동체가 존재한다는 명백한 증거가 없으니 인간 공동체를 우리가 확신하는 것도 불가능하다.(F 106)

앞서 알아보았듯이 타자 없이는 내가 존재할 수 없으나, 타자와의 관계는 오성이라는 객관성의 영역을 벗어나므로 공동체의 핵심인 소통은 정보의 교환으로 이해될 수 없다. 확실히 일상의 언어를 더 자세히 관찰해 보면 일상어의 주요 기능은 정보 전달이 아니라는 것이 분명해진다. 예컨대 라디오나 텔레비전을 켰을 때를 생각해 보자. 사실 우리는 거기에 귀를 기울이지도 않는다. '누군가 우리에게 말하고 있다'는 환상을 통해 전달되는 가짜 소통의 약속이야말로 일상어의 핵심 기능이다.

인간관계는 무섭다

근본적으로 정치가 인간의 소통 가능성에 달렸다고 한다면, 타자와 맺는 관계에 대한 반성은 정치성을 이해하는 첩경이 된다. 블랑쇼가 타자를 이방인으로 그려 낸 이유는 무엇일까? 그가 말했듯이 "인간 관계는 무섭"기 때문이다. (IC 60)

인간과 맺는 관계가 왜 겁을 먹게 하는가? 나와 타자 사이를 매개 해 주는 세계 없이 직접적이기 때문이다. 타자를 앞서 든 예들 속의 '여행사 직원'이나 '강사'처럼, 유용성만을 중시하는 세계가 매개해 준 '기능'이라고 본다면, 나와 다른 존재인 타자와는 분명히 관계 맺지 못한 것이다. 타자와의 관계가 갖는 직접성을 블랑쇼는 이 책 5장에 서 다룬 '얼굴'이라는 개념을 통해 보여 준다.

사람과 사람 사이에 있는 것은 신도 가치도 본질도 아니다. 신도 종교 도 없고 감정에서 자유롭고 정당화할 필요도 없는 벌거벗은 관계가 여기 있다. 이 관계는 기쁨도 지식도 가져오지 않는다. 중성적인 관계, 혹은 우리는 유용성만을 중시하는 세계, 사람들을 엇비슷한 소모품으로 만드는 이 세계 속에서 앞서 말한 기능적 관계들을 즐겨 왔지만, 놀랍게도 윤리적 관계의 직접성 속에서는 다른 존재로서의 타자가 나타난다는 것을 깨닫는다. 그렇다면 벌이나 흰개미의 전체화된 공동체는 인간 공동체의 모델이 될 수 없다. 전체화된 공동체에서는 집단 전체에 유익한 관계, 다시 말해 유용성만을 중시하는 현실적이고 내재적인 관계가 중심이지만, 인간 공동체는 공동체 구성원들이 하나로 뭉치는 것communion과는 완전히 다른 인간관계를 전제한다.〔내재적immanent이라는 말은 초월적transcendent이라는 말과 구별된다. 타자를 용납하지 않으며 전체가 하나인 공동체는 공동체의 모든 가능성을 그 공동체 안에서 찾으므로 내재적이라고 할 수 있다. 그러나 블랑쇼가 생각하는 타자는 전체화된 공동체 속으로 포섭되지 않으며, 언제나 초월적인 곳에서 출현한다.〕 "인간이 기술 발전에 대응하려면 어찌해야 하는지를 묻지 못하는 문명, 인간이 자기 자신을 잃어버린 문명, 허약한 문명"(F 79)인 우리 현대사회는 진정한 공동체가 되지 못하고 내부적으로 전체주의적인 상태에 처할 위험을 안고 있다.

그러나 법이 통과되고 정치제도가 작동하려면 어쨌든 사람 간의 공동체를 상정해야만 하지 않겠는가? 사람들이 공통의 토대를 가지고 있어야 어떤 실제적인 문제를 논의할 수 있을 테니 말이다. 언어, 공유하는 역사와 전통, 비슷한 환경에서 성장한 경험 등이 그 공통의 토대라고 할 수 있을 것이다. 그렇지만 블랑쇼는 여기서 한 발 더 나아가, 법과 정치제도의 존재는 진정한 정치 공동체가 실존하고 있다는 결정적인 증거가 아니라고 주장한다. 사법제도나 정치제도를 통해 만난 타인들은 내 욕망이나 계획의 대상이 될 뿐이며, 여기에 나와 다른 존재인 타자의 자리는 없다. 그때의 '타인들'은 이를테면 카프카의 소설에 등장하는 익명성의 관료제도나 마찬가지다. 그래서 『밝힐 수 없는 공동체』는 우리가 오늘날 더 이상 어떤 공동체도 가지고 있지 않다는 명제로 시작한다.

블랑쇼의 지적에 따르면, 우리는 먼저 타자를 대상화하지만 그 후에는 서로 서로에게 대상이 된다. 이 경우에 사람들은 자신이 내재적인 공동체에 속해 있다고 생각하게 된다. 개인들을 지식으로 축소시키는, 타자를 어떤 물건이나 대상이라고 여기는 세계 속에 놓인 공동체가 바로 내재적인 공동체이다. 이 공동체에서 사람들은 자기 능력을 고려하여 노동과 감정의 시장에 자기 자신을 내놓으며 다른 사람들만이 아니라 자기 자신도 일상의 교환 관계에 필요한 경제적 단위로 이해한다. 이렇게 인간을 경제 단위로 축소하는 좋은 예는, 근대 들어 나타난 서비스 제공자의 공동체라든가 주주株主들의 공동체 같은 생각이다. 우리는 이런 식의 공동체 관념에서 의미 있는 인간적 소통의 영역인 정치가 경제에 밀려 사라지는 현실을 보게 된다.

블랑쇼가 말했듯이 우리 시대가 공동체 의식이라는 것을 더 이상 이해하지도 못하는 것은 우리 사회에서 타자가 전혀 타자로 나타나지 않는다는 사실에 기초한다. 그러니 이제 정치의 문제는 제기되지 못하고 대충 경제 문제로 바뀌어 나타날 따름이다. 그 좋은 예가 흔히 '지구촌'이라고 부르는 '전 지구적 공동체the global community'라는 말인데, 이 용어가 의미하는 바는 분명하다. 이제 이 세계에 이방인들이 없으며 그저 나와 같은 개인들만이 있다는 것이다. 우리가 속해 있는 자유주의적인 자본주의 사회에 대한 블랑쇼의 문제 제기는 기본적으로 다음과 같은 인식을 바탕으로 한다.

자본주의는 본질적으로 정치가 부재하는 운동이다. 자유 시장을 가능하게 만들려면 자유로이 교환 가능한 단위들이 시장을 이룬다고 생각해야 하기 때문인데, 이때 이 단위들은 본질적으로 동일하거나 적어도 동일한 것으로 환원될 수 있어야만 한다. 이런 사회에서 정치는 사람들 간의 관계를 완전히 똑같은 단위들 간의 관계로밖에 보지 않으니, 이때 개인을 이해하는 가장 좋은 방법은 개인을 동전 한 닢에 비유하는 것이다. 동전은 할 수 있는 일이 있고 해야만 하는 일도 있다. 다른 것들을 동전처럼 쓰면 안 된다. 본질적으로 모든 동전은 똑같고 서로 교환이 가능하다. 이제 우리는 더 이상 윤리적 공동체를 이야기하지 않으며 윤리적 공동체라는 말을 인간이 대상화되어 있는 시장을 그저 도덕적으로 관리하는 데 신경 쓰는 것으로 받아들인다. 문제는 어디에 있는가? 오성understanding을 통해서 세계를 지배할 수 있다고 생각하는 우리의 기본적인 태도가 문제이다. 우리는 점점 판단력을 믿지 않고 마치 오성만이 개별 인간 단위 사이의 평등을 가져올 수 있다는 듯 결정을 내릴 때 자꾸 '부정할 수 없는 사실hard facts'에만 의존하려 한다.

하지만 '세계'를 대상화할 수 있다고 확신할 수 있을까? 이를테면 우리가 친한 사람과 직접 말을 나누는 것은 용납하지만, 그 사람에 대해 말하거나 그를 어떤 테마로 변형시키거나 반성의 대상으로 삼지 않으려고 하는 근저에는 아마 대상화에 대한 의미심장한 거부가 있을 것이다.(L 188)

만약 공동체의 문제가 인간 간의 본질적인 관계에 기대고 있다면, 그리고 이 관계가 지식의 문제보다 선행한다면 우리는 전통적인 정치 이론의 영역 바깥에 서게 될 것이다.

공동체의 상실

원격통신 매체와 '정보 고속도로'가 의사소통을 강화하고 지구화하는 우리 시대는 인간 공동체가 어떠해야 하는지를 이해할 수도 없을 정도로 공동체 의식이 사라진 시대라고 블랑쇼는 진단한다. 달리 말해, 공동체 의식을 잃어버린 우리는 잃어버린 게 무엇인지도 알지 못한다.

자유로운 소통 속에서 모든 것이 동등하게 통합된 지구촌이라는 꿈에 대해 블랑쇼가 내놓은 가장 적절한 비판은 「거대한 환원의 힘 The Great Reducers」(1965; in F 58-72)이라는 에세이에 담겨 있다. 1930~40년대의 초기 사상이 아주 많이 반영되어 있는 이 후기 텍스트에 따르면, 모든 문화는 서로 충돌하는 담론들을 하나로 통합하려고 하는 힘을 지니고 있다.

사르트르가 1964년 노벨 문학상을 거부한 사건이나 텔레비전과 문고본의 출현 등 블랑쇼가 든 사례들은 많은 것을 이야기해 준다. 블랑쇼는 사르트르를 그의 동시대 작가인 카뮈(1913~60)처럼 비평가들을 기쁘게 해 주지 않은, 복잡하고 독특한 작가라고 본다. 노벨상 수

상 위원회가 사르트르의 『말Words』(1964)에 문학상을 수여하기로 한 결정은 이 작가를 길들이고 그의 작품을 전통적인 정전canon의 위치에 올려놓아 문학이 보여 주는 분열을 무시하려는 시도라고 볼 수 있다. 즉, 사르트르의 문학을 전체 문화의 일부로 만들려고 한 것이다. 사르트르에게 주어진 노벨상은 그의 작품이 해롭거나 거슬리는 것이 아님을 보증해 준다. "그러나 문학을 별 문제 없게 만드는 것은 또한 문학의 파멸을 초래하리라."(BR 145) 사르트르가 작가로 남길 원하는 한, 그는 특정한 문화, 특정한 사회, 특정한 자유의 이데올로기에 구속되게 만드는 노벨상을 거부하지 않을 수 없었다. 문학은 일단 정전 속에 포함되고 나면 소통을 그만둔다. 시체를 해부하듯이 그 구조와 작법을 공부해야 하는 대상이 되는 것이다.

같은 일이 텔레비전을 통해 접하는 문화에서도 나타난다. 오늘날 우리는 분명히 정치나 문화, 그 밖의 여러 사건들의 정보를 쉽게 접하고 있다. 그러나 블랑쇼가 보기엔 그 사건들의 의미는 바로 그 매체 속에서 사라지고 있다. 어느 날 저녁 한 시청자가 뉴스와 영화, 정치 비평 등을 보고 나서 만족감에 젖은 채 잠자리에 들었다고 하자. 하지만 그에게는 어떤 일도 일어나지 않았다. 후에 그는 몇 가지 사실들을 떠올리겠지만 그 사건들은 그에게 아무 의미도 없다.

> 흥미롭고 중요한 사건들이 일어났을 테지만, 우리를 괴롭힐 만한 어떤 일도 일어나지 않았을 것이다. 이는 이미 확립된 권력의 철학이며, 음흉한 방식으로 제공되는 문화적 서비스의 철학이다.(F 67)

더욱이 텔레비전은 사람들이 제 집의 울타리 바깥에 관심을 갖지 못하게 하면서 사회의 탈정치화를 이끈다. 모든 체제는 항상 길거리를 두려워해 왔다. 집 밖으로 나와 토론하고 논쟁하는 사람들은 본인들이 미처 깨닫기도 전에 정치적 행동 직전의 어떤 순간에 서 있는 위태로운 군중을 형성한다. "길에 나와 있는 자는 항상 정치의 일부가 되기 직전이다."(IC 240-1)

요즈음엔 길거리에 군중이 모이는 것을 금지할 필요가 더 이상 없을 것 같다. 세계를 우리 거실에 가져와 보여 주는 텔레비전이 거리와 카페의 공동체에서 벌어진 정치적 사건에 참여하는 것을 쓸데없는 일로 만들기 때문이다. 이 대목에서 우리는 블랑쇼가 인간을 이것 아니면 저것이라는 식으로 이미 결정된 존재로 보지 않는다는 것을 다시 한 번 알 수 있다. 인간은 그 무엇이 되든지 자기 공동체의 환경에 의존한다. 정치적으로 행동하는 경우에도 마찬가지다. 그 환경이 충분하지 않다면 인간은 정치성은 물론 자기반성과 비판 능력을 잃어버릴 수 있다. 블랑쇼의 말처럼 자기 힘만으로 지식인이나 작가가 되는 사람은 없다. 공동체의 바깥에서 인간은 인간으로 존재할 수조차 없다. "인간 존재가 아무것도 아니라면, 인간 존재가 파괴되는 일도 끝이 없"(IC 135)기 때문에 블랑쇼는 정치적 참여가 긴급하다고 역설한다. 또한 이 말은 인간이 자기 집의 안락함에 잠겨 더 좋은 나날이 오겠거니 하면서 마냥 기다릴 수만은 없다는 뜻이기도 하다.

블랑쇼가 든 또 다른 예는 문고본의 출현이다. 문고본이란 무엇인가? 정말 단지 싼 책일 뿐인가? 그래서 사회 곳곳에 그 내용을 퍼뜨리는 책일까? 블랑쇼는 문고본과 함께 유럽 문명에 나타난 어떤 이데올로기가 문제라고 본다. 문고본은 두 가지 방식으로 정치권력의 안정화에 기여한다. 우선 문고본은 문화가 사람들을 한데 묶어 놓는 데 유용하며, 문화의 모든 것이 제한 없이 출판된다고 주장한다. 여기서 블랑쇼가 제기하는 문제의 초점은 우리 사회의 자유주의다. 자유는 언제나 승리하므로 우리 사회에는 어떤 다른 목소리도 필요 없다는 태도가 문고본에 담겨 있다는 것이다.

두 번째로 문고본의 출현은 출판 환경을 변화시켰다. 문고본은 대량생산되고 출판 주기가 짧을수록 이득이 되기 때문에, 한 책이 나오기가 무섭게 다음 책이 등장하지만 어떤 책도 문화에 충격을 남길 만한 충분한 시간을 얻지 못한다. 개입과 충돌의 리듬 속에서 발전하여 또 하나의 전통으로 스스로 자리매김하는 것이라고 생각되었던 문화는 문고본의 대량생산에 휩쓸려 허덕이게 된다. 기술적 진보라는 조건 속에서 어떻게 문화가 전달되는 것이 바람직한지를 고민하는 대신에, 우리의 문화는 다음과 같은 믿음에 의지하여 동일한 이데올로기만을 낳고 있다.

기술적인 것이 모든 문제를 규정한다. 문화와 그 전파라는 문제 역시도 다른 모든 문제들과 마찬가지다. 여기에 정치적 격변은 상관없고, 사회구조의 변화도 전혀 필요가 없다.(F 70)

우리 사회를 전체화시키는 이 힘은 최근에 더 세력을 넓혀서, 1968년 이래로는 사회의 기능에 어떤 혼란을 일으키는 것은 모두 본질적으로 부정적인 것으로 취급되었다. '거대한 환원의 힘'은 우리가 직면해 있는, 정치성의 소멸과 문학의 죽음을 강화시켜 왔다. 우리가 익히 알다시피, 정치는 타자의 얼굴을 접할 때 느끼는 혼돈 속에 이미 표출되어 있는 혼란이나 분열 그 자체이다.

　모든 기성 정치권력이 이렇게 정치성을 소멸시키려 애쓴다면, 문학의 정치성이란 끝없는 혁명 속에 놓여 있다고 해야 할 지도 모른다. 문학적 성취는 언제나 실패로 바뀐다. 성공적인 도전을 한 문학작품은 소통의 규범으로 환원되어 버린다. 한때 절망과 불모성으로 이채를 발했던 사뮈엘 베케트의 언어는 오늘날 문학적 유산 중의 하나가 아닌가. 언어나 사회의 분열을 드러내던 베케트의 작품이 이제 우리 문화를 풍요롭게 해 주는 대표작으로 여겨지고 있는 것이다.

원자폭탄

문화가 공동체의 삶이 갖는 다양성을 전체성으로 바꾸어 놓는 힘을 원래부터 갖고 있었다면, 이제는 불가능해 보이는 정치적 공동체들의 역사가 어떻게 가능했을까?

　「사라지는 묵시록The Apocalypse is Disappointing」(1964; in F 101-8)에서 블랑쇼는 기술 발전의 문제를 정치의 쇠퇴와 연결짓는다. 모든 공동체는 그 단일성의 균열에 기반해 존재한다. 단일하게 하려는 어떤 힘이 오성understanding이라면, 균열을 가져오는 힘은 이성reason이다. 오성은 특정한 사물들과 관계를 맺으면서 지식의 세계 안에서만 작동하지만, 이성은 총체적인 상을 염두에 두면서 주어진 것을 항상 초과한다.

예를 들어 보자. 만약에 내가 원자폭탄 개발에 내 오성을 적용시켰다면 나는 그 과제와 관련된 특정한 문제들만을 생각할 것이다. 나는 그 문제를 분석하고, 여러 과학자들이 해결하도록 각기 다른

실증주의와 허무주의Positivism and Nihilism '실제로 존재하는'것에 한정지어 현실을 해석하는 철학자들을 망라하는 철학 사상이 실증주의이다. 실증주의의 선구자로 꼽히는 데이비드 흄David Hume(1711~1776)은 실제의 감각-인상sense-impression으로 거슬러 올라가볼 수 있는 관념들만이 타당하다고 논하였다.〔흄에 따르면 인간이 어떤 대상과 마주쳤을 때 감각의 작용으로 인간의 마음에 남는 흔적이 인상이며, 인상은 사유나 관념을 낳는 원초적인 요소이다. 흄은 감각과 인상에서 출발하여 추상적이고 일반적인 관념의 본질을 밝힐 수 있다고 보았다.〕따라서 신이나 수학, 나아가 정의正義와 같은 관념들은 신뢰할 수 없는 것으로 취급되었다. 이후의 실증주의자들은 직접 경험으로 증명될 수 없는 질문들은 근본적으로 무의미하니 답을 찾을 필요가 없다고 보는 경향이 있었으며, 실증주의는 과학주의scientism로 나아갔다.〔과학주의는 실재를 파악하는 유일한 인식 방법이 과학이라고 보는 인식론을 가리킨다.〕20세기 초반에 등장한 논리실증주의를 살펴보면 실증주의의 성격을 더 분명히 알 수 있다. 논리실증주의는 과학적 탐구의 근저에 실제로 무엇이 있는지를 물었다. 실험에서 탐구되는 물질이 바로 과학의 뿌리라고 생각하는 이들이 많겠지만, 논리실증주의자들은 과학적 발전에서 정말로 존재하는 것은 과학자가 실험하면서 말이나 글로 남긴 문장들이라고 보았다. 과학은 '실제 세계'로 이루어진 것이 아니라 '지금은 뜨겁다'나 '이것은 빨갛다'와 같은 기록명제protocol sentence로 구성된다는 것이다.〔기록명제는 관찰자가 특정 시점에서 직접 경험을 통해 지각하고 감각한 것을 기록한 명제를 말한다. 빈 학파에 속하는 논리실

부분으로 분류해 놓는다. 하지만 내가 내 이성을 발휘하여 정의正義에 관한 문제를 다룬다면 나는 세계와 나의 관계, 타자와 나의 관계, 실존 전체를 떠올리지 않을 수 없다. 써먹을 수 있는 분명한 답을 찾는 것이 이성이 하는 일은 아니다. 나는 정의에 대한 공동체적 토론

증주의자 루돌프 카르나프가 제안한 것이며, 프로토콜 문장, 기초진술, 관찰진술이라고 하기도 한다. 기록명제는 직접 경험에 따른 것이므로 반박될 수 없으며 이에 의거하여 성립된 과학적 진술은 진정한 인식을 방해하는 사변이나 선입견을 배제한 것이라는 주장이지만 이를 회의적으로 보는 이들은 직접 경험이 사람마다 다르고, 기록명제보다 더욱 직접적인 명제를 제시하는 것이 가능한 데다. 감각에 기반한 기록명제는 과학적 진술이 아니라 주관적 진술에 지나지 않는다고 반박한다.] 실증주의자들이 블랑쇼에게 찬사를 보내지 않았으리라는 점은 분명하다. 실증주의자들에 따르면 블랑쇼가 말한 '타자'나 '중성성'은 완전히 의미 없는 단어이며, 그가 말한 문학이나 정치는 존재하지 않는다. 허무주의는 언뜻 보기와는 달리 실증주의의 반대편에 있지 않다. 보통 허무주의는 그 어느 것도 가치 있지 않다든가, 아무 것도 실제로 존재하지 않는다는 생각을 의미한다. 그래서 19세기의 러시아 허무주의자들은 인간의 삶이 아무 가치가 없다고 선언한다는 이유로 자주 공격받았다. 결국 허무주의는 회의주의와 동일시되었다. 이보다 더 심오한 방식으로 독일 철학자 프리드리히 니체(1844~1900)는 허무주의를 기독교 신앙의 쇠퇴와 함께 떠오른 역사적인 현상이라고 설명하였다. '신은 죽었다'는 일반적 믿음은 의미 있는 삶이 가능하다는 믿음을 무너뜨린다. 니체는 블랑쇼에게 큰 영향을 주었는데, 이 두 사람 다 실증주의는 근대적 허무주의의 한 형태라고 보았다. 사실이나 감각적 경험의 형태로 '실제 존재하는' 가치는 없다는 이유로 실증주의자들이 어떤 가치도 믿지 않았기 때문이었다.

을 거쳐야 하며, 내가 내리는 판단에는 누구나 문제를 제기할 수 있어야 한다. 오성은 세계를 계산하나, 이성은 판단하는 힘이다. 하지만 오성은 과학 기술이 뒷받침해 주고, 과학 기술은 이성이 지배하지 못하는 권력을 쥐고 있다는 점에 근대성의 문제가 있다. 모든 것과 관련되므로 가장 우월한 지적인 힘이라 할 수 있는 이성은 우리가 고삐를 놓아 버린 힘들에 밀려났다. 오성보다 이성이 우월하다고 다시 강조하는 일은 무용할지 모른다. "우리 시대를 한 줄로 요약한다면 이렇게 써야 할 것이다. 이성은 오성 앞에서 황송해하며 머리를 조아린다."(F 108)

그러나 이성의 광대한 목적에 부합하지 않는 오성은 실증적인 데 그치지 않고 허무주의적이기까지 하다. 이제 오성은 미쳐 날뛴다. 제 뜻을 계속 밀어붙이는 동안 이성은 수수방관할 뿐이다. 제어받지 않는 오성은 모든 것을, 심지어 인간조차도 오성을 통해 이해하려고 하며, 그렇게 하기 위해 모든 것을 작은 단위들로 환원한다. 오성은 근본적으로 정치가 설 자리를 아예 없애면서 정치 공동체를 이해한다.

과학기술의 발전이 이성과 오성 간의 불균형을 가져온 이때, 원자폭탄의 발명은 변화하는 우리 시대의 두 번째 시금석이다.〔물론 첫 번째 시금석은 블랑쇼가 20세기의 가장 중요한 사건으로 본 유대인 대학살일 것이다.〕블랑쇼에 따르면 오성이 가진 압도적인 힘의 이미지를 보여주는 것이 원자폭탄이다. 사실은 폭탄이 아니라 오성 그 자체가 위험하다. 우리가 폭탄이 안전하다고 오판하거나 사고의 위험성을 미처 깨닫지 못할 수도 있다는 것이 정말 큰 문제이고 폭탄은 위험하지 않다는 뜻이 아니다. 오성은 이런 폭탄을 만들어내면서 오성 자체의 모습을 드러낸다. 이를테면 오성은 폭탄을 사용하고 싶어 하게 만든다. 설사 폭탄을 제 맘대로 쓸 수 있다는 위협으로만 폭탄을 사용하더라도 말이다. 폭탄은 사물을 분해하는 것이고, 원자폭탄은 산산조각 내는 데 아주 유용해서 우리가 생각하는 가장 작은 물질 단위, 즉 원자에 이르러서도 멈추지 않는다. 그러니 무無에 이르러서야 겨우 멈추는 자연 과정을 향해 계속 성장하는, 우리 오성의 이미지가 원자폭탄이라고 해도 무리가 없을 것이다.

오성은 정확히 폭탄처럼, 함께 뭉쳤던 것을 분해하는 기능을 한다. 어떤 문제를 분석한다고 말할 때 우리가 의미하는 바는 다루기에 적당하게끔 그 문제를 각 부분들로 나누려고 오성을 사용한다는 것이다. 그래서 우리는 어떤 문제든 분해하고 각각의 부분을 따로 다루어 이해할 수 있다고 생각한다. 확신할 수 있는 것만 받아들인다는 오성은 사실 파괴할 수 있는 것만 받아들인다.(F 104) 최근의 예로는 인간 게놈 프로젝트Human Genome Project〔인간의 유전 정보를 모두 파악하는 것을 목표로 하는 집단적 연구를 가리킨다. 80년대 말부터 미국을 중심으로 해 프랑스, 영국, 일본 등 15개 국이 참여하였다. 2003년 4월에 인간 게놈 전체의 염기 서열을 밝혀내 프로젝트는 종료되었으나, 유전자의 기능을 밝히는 더 어려운 과제가 남아 있는 상태이다.〕가 있다.

여러 과학자들과 연구 기관들이 연결된 거대한 과학 기구의 도움을 받아, 오성은 인간 그 자체를 분해한다. 여기에는 우리가 하는 일을 우리가 안다고 말할 수 있는 가능성도 없다. 오성이 성공을 자축하는 동안 이성은 잠들어 있다. 차가 시동이 걸리지 않을 때 어떤 부분이 잘못되었는지를 밝히는 것처럼 과학적 문제들을 해결하는 데에는 오성이 유용하다. 그러나 이런 과정을 정치, 윤리 혹은 도덕적 문제들에 적용시킨다면 위험하다. 인간 공동체를 관련된 모든 개인들의 총합일 뿐이라고 볼 수는 없기 때문이다. 분석을 통해 정치적 문제를 해결하려고 덤비는 것은 자기가 한 일이 무엇인지 깨닫지도 못하면서 정치 영역을 파괴하는 일이다. 바로 이런 이유 때문에 세계는 원자폭탄의 발명 이후 완전히 달라졌다. 이 폭탄의 개발은 우리에게 다른 방도는 없는지 고민하게 만든다. 우리는 오성과 실증주의가 그 능력을 발휘하는 좁은 영역을 넘어 어디든 개입하는 현상을 똑바로 인식해야만 하는 것이다.

결국에 유일한 희망은 아래와 같은 말 속에서 찾을 수 있다. "아직 저항의 지점이 남아 있다. 정치, 그리고 욕망, 시, 사유의 놀이. 이 지점들은 점점 약해졌지만 퇴락하지는 않았다."(F 62) 문학이 그 윤리적이고 정치적인 본성을 되살려 내야만 한다면, 우리는 문학은 본질적으로 논쟁의 힘임을 기억해야만 한다.

기성 권력에 대한 논쟁, 무엇이 존재하느냐에 대한, 그리고 존재의 사실에 대한 논쟁, 언어에 대한 논쟁, 그리고 문학 언어의 형식들에 대한 논쟁, 마지막으로 권력 그 자체에 대한 논쟁.(F 67)

이 논쟁 속에서 예술은 기성 가치의 세계에 저항한다. 그래야만 우리는 공공 부문의 운영만이 정치의 영역이라고 생각해 온 기존의 통념에서 벗어나 예술을 진정한 정치의 영역으로 인식할 수 있는 것이다. 따라서 예술은 현실의 조작이 아니라 세계의 전복이다.

이 세계는 목적, 잘 짜인 균형, 진지함과 질서에 대한 복종이 지배하고 있다. 세계를 다스리는 것은 과학, 기술, 국가이며, 의미, 안정된 가치, 선善과 진眞의 이상이 세계를 쥐락펴락하고 있다. 예술은 '이 세계를 완전히 뒤집는다.' 이 세계에서 예술은 불복종, 불균형, 불성실, 무지, 악, 무의미다.(SL 216)

공동체 회복 위한 문학과 정치의 동맹

동시대의 정치사상이 대부분 경제 문제와 공공 부문의 운영에 집중했던 것과는 달리, 블랑쇼는 모든 정치 이론은 근본적으로 공동체의 윤리적 기초를 반성해야 한다고 주장하였다. 이 반성은 모든 정치적인 삶의 중심에는 언어가 있다는 것을 깨닫게 하여, 공동체와 소통 개념의 본질적인 결합에 주의를 집중하게 해 준다. 명백한 의미를 주고받으려면 한 언어와 그 언어의 구어적·문어적 전통으로 이루어진 암묵적인 세계를 이미 공유하고 있어야 한다는 것을 우리는 소통을 통해서 알 수 있다. 공동체는 그런 정치사상 속에서 공동체가 실제 소통만큼이나 연약하고, 엄격한 정치 제도가 공동체의 위태로움을 해결해 주지 못한다는 것을 발견한다.

타인과의 관계는 언어에서의 관계와 닮아 있다. 언어에서 본질적인 관계는 단순한 정보의 교환이 아니라 그 관계 자체인 것과 마찬가지로, 타인과의 관계는 내가 상대와 직접 관계하는 한 모든 실제 사회관계들을 앞서는 관계이다. 다른 존재로서의 타자와 맺는 관계의 특징은 직접성이다. 이렇게 보면 인간 사이의 관계는 수량을 따지거나 정보를 다루는 일이 아니다. 정치는 함께 살아가는 사람들에 관한 사실과 숫자들을 어떻게 조직하느냐의 문제를 제기하는 것이 아니라 언어와 글쓰기의 공동체라는 근원에 초점을 맞추게 한다. 따라서 정치는 문화와 제도화는 물론, 경제적 측면의 고려와도 반대편에 위치한다. 그러나 정치 영역을 지키려는 블랑쇼의 시도와는 달리, 20세기는 강제 수용소의 존재와 핵

폭탄의 발명이 보여 주듯 전통적 정치의 몰락을 경험하였다. 그러자 정치적 이성은 무력해졌고, 정치의 질문들이 들어설 자리를 사실들이 메우게 되었다. 그러면서 인간관계의 위태로움은 시야에서 사라졌다. 문화의 힘과 정치 사이의 대립을 분명히 하기 위해 블랑쇼는 인간 정신의 두 요소인 이성과 오성을 대립시켰다. 오성이 사실들을 고립시켜 다루는 반면에 이성은 판단하는 힘이며 실존의 총체와 언제나 관련된다. 사실들만을 들여다보아서는 인간관계의 실재를 포착할 수 없으므로, 정치적 이성만이 인간 실존의 다양함을 축소시키는 거대한 환원자인 문화의 힘에 반발할 수 있다. 20세기는 너무 비대해진 오성과 사실에만 의존하는 관계성 때문에 신음하였다. 경제와 과학기술이 점점 더 많은 권력을 갖게 된 것이 이를 잘 드러내 준다. 이제 블랑쇼가 주장하듯이 우리의 희망은 인간관계의 궁핍에 저항하는 지점인 '정치, 그리고 욕망, 시, 사유의 놀이'에 달려 있다. 여기에서 문학과 정치는 본원적인 동맹을 맺으며, 동일화하는 문화의 힘과 계속되는 공동체 상실에 끝없는 혁명으로 맞선다.

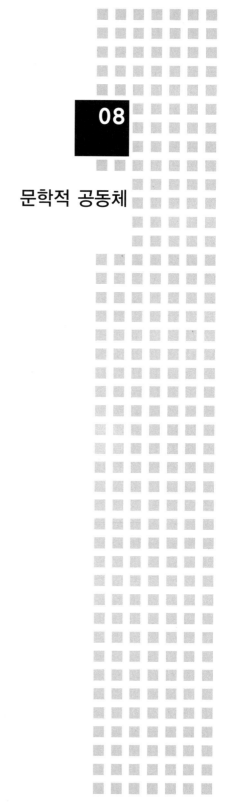

08

문학적 공동체

이 마지막 장에서는 문학 체험과 연관지어야만 정치를 사유할 수 있다는 블랑쇼의 주장을 살펴본다. 독자와 작가 간의 관계가 인간관계의 패러다임 역할을 한다고 본 그는, 문학을 반성하고 유대교를 윤리적 정치의 예증으로 삼으면서 더욱 극좌파로 기울었다. 그가 이런 요인들에 힘입어 주장한 것이 '문학적 공산주의literary communism'인데, 이때 말하는 공산주의는 계속적인 개입의 정치라는 아주 근원적인 의미다.

국제 비평La revue internationale

타자와의 관계가 앎의 영역을 초과한다는 앞의 논의와 문학이 바깥 the outside의 담론이라는 2장의 내용을 떠올려 본다면, 문학과 문학 공동체가 정치의 핵심 문제라는 블랑쇼의 주장은 그리 낯설지 않을 것이다. 앞서 인용했던 "사람만이 내게 완전한 타향이다."(IC 60)라는 말에서 '내게 완전한 타향'이란 객관적인 앎의 영역 바깥에 있다는 의미다. 이 절대적 소외를 돌파하려면 지식 말고 다른 매개가 필요하다. 그 매개는 예술이다.

지배를 허락하지 않는 예술 탓에 인간이 타자와의 관계를 지배하지 못한다는 약점은 달리 보면 강점이자 생존의 조건이다. 흔히들

먹고 사는 문제가 해결된 이후에나 예술을 위한 시간을 낼 수 있다고 하지만, 원래 예술은 부의 부르주아적인 잉여를 나타내는 증거가 아니다. 블랑쇼는 살아남는 데 성공한 우리 조상들과 네안데르탈인을 비교한다. 멸종되어 버린 네안데르탈인은 예술에 관심을 두지 않았던 것으로 보인다. 다시 말해 동물에서 인간으로 올라서지 못했다.(F 9) 인간이 근본적으로 정치적이라면 본질상 예술적이라고도 보아야 할 것이다. 우리가 발견할 수 있는 인간 존재의 근원은 예술에 있으며 따라서 인간 공동체의 본질을 예술 속에서 찾아야만 한다.

문학적 공동체, 즉 작가와 독자의 공동체라는 생각에는 현대사회의 공동체란 서로 전혀 만나지 못한 사람들의 공동체, 서로의 눈앞에서 본 적이 없는 이들의 공동체라는 사실이 깃들어 있다. 하지만 텍스트를 기술하고 있는 작가는 특정한 누군가를 향해 쓰고 있지 않다. 설사 작가가 특정 대상을 염두에 두고 있을지라도 무슨 청중이 어딘가에 실제로 존재하는 것은 아니다. 그 작품을 읽은 독자는 작품을 전유하여 작가의 의도를 쓸모없게 만든다. 작가의 의도를 따라가려고 애쓰는 독자라 하더라도 사정은 마찬가지다. 작가는 독자에게서 자기의 글을 망쳐 놓는 힘을, 혹은 블랑쇼의 말을 빌리자면 자신의 익명성을 본다. 따라서 독서는 그 책의 저자가 사라지게, 권위 있는 저자the author가 여느 필자들 중 하나an author가 되게 한다.

저자의 죽음은 문학의 정치적인 면과 근본적으로 맞닿아 있다. 그 연관성을 추적하는 한 가지 방법은 블랑쇼가 1960년부터 1963년까지 깊숙이 관여한 《국제 비평La revue internationale》의 창간 준비 과정을 따라가 보는 것이다.〔《국제 비평》은 블랑쇼가 유럽의 저명한 작가·지식인들과 함께 창간하려고 했던 잡지다. 이 잡지를 준비하며 블랑쇼는 많은 원고를 썼고 큰 기대를 걸었다. 1960년부터 창간 계획이 논의되기 시작했으나 1964년 무산되었다. 프랑스 잡지 《선線 · *Lignes*》(1990년 9월, 11호)에 관련 자료들이 특집으로 실려 있다.]

《국제 비평》은 다양한 국적을 지닌 유럽인들로 필진을 구성할 계획이었으나 독일, 이탈리아, 프랑스인들만이 다음 단계에 참여하였고, 주로 이탈리아인들이 주관하여 이탈리아어로 된 첫 호가 1964년에 출판되었다. 새로운 참여 문학의 국제적 매체를 만들려고 시도한 《국제 비평》은 정치적 텍스트와 짧은 문학 텍스트들을 섞어서 배치하고, 파편적인 형식을 지향하는 기획을 선보였다. 블랑쇼가 옹호한 파편적인 형식은 자기의 정치적 신념을 고백하는 작가가 '참여 작가'라는 통념의 전복을 노린 것이다.

블랑쇼는 《국제 비평》의 창간을 논의하면서, 작가들이 '개인적 고백'이라는 형태로 글을 쓰면 자신들의 참여가 수포로 돌아간다는 것을 깨닫게 되면서 정치적 비평이 쇠퇴해 왔다고 주장한다. 누구든 자기 입장을 강조하는 데에만 치중하면 정치적 영향력을 갖기가 힘들어지기 마련이다. 그리 되면 '참여 작가'는 자기의 고백 덕분에 사적인 개인으로만 취급되어 참여의 의의를 잃게 된다. 반면에 파편적인 형식으로 글을 쓰는 저자는 글 뒤로 후퇴한 후, 개인의 의견을 읊조리는 것과는 구분되는 방식으로 말하면서 공적인 존재의 다양성을 표출한다. 말은 저자라는 특정 존재에게서 놓여나면 소통을 시작한다. 저자의 목소리가 무력해지는 곳에서 태어나는 것이 언어이다. 이 때문에 블랑쇼는 "작가의 말에 귀 기울이느냐에 상관없이, 그가 우리에게 가장 심오하게 말을 거는 것은 그가 '오해받을' 때, 우리가 그를 잘못 받아들였을 때인 경우가 꽤 많다."고 주장한다.(L 270)

문학 언어가 '적절하게' 정치적인 까닭도 여기에 있다. 특정 주체와 분리되어야만 문학 경험이 절대적인 의미를 획득할 수 있는 것이다. "내게 문학적 행위나 경험은 나누어질 수 없는 것이다. 문학 행위 혹은 경험은 그 자체를 전부 받아들이거나 전부 거부한다."(L 269)

《국제 비평》은 작가의 권위authority와 결별하는 방향으로 만들어져야 했으며, 심지어 낱말에 생명을 불어넣으려 애쓰는 정도의 권위일지라도 거부해야 했다. 《국제 비평》이 지향하는 글쓰기는 블랑쇼의 말처럼 파열의 힘을 발전시키는 것이므로 정치적 발언에서 강력한 힘을 지닌다. 문학에서 권위를 지니는 존재들은 권위를 빼앗으려 덤벼드는 다른 존재들의 저항은 잘 극복할 줄 알지만, "권위적인 이름들이 없는 익명의 공동체" 앞에서는 어리둥절하게 된다. "권위를 내세워 판결을 내리는 존재는 본능적으로 자기를 파괴하는 길로 들어선다."(L 218)

그러나 작가와 독자의 관계만이 인간관계의 일반적인 모델인 것은 아니다. 모든 공동체가 언어에 의지하기 때문에, 또 문제되는 언어는 정보 교환이라는 일상 언어가 아니라 공동체를 낳는 언어이기 때문에 공동체는 문학 언어를 꼭 필요로 한다. 문학 언어는 사물들을 지시하는 데 그치는 것이 아니라 공동체 구성원 사이의 관계를 명확하게 드러낸다articulate. 말하자면 모든 공동체는 원래부터 문학적 공동체다. 장 뤽 낭시Jean-Luc Nancy도 『무위無爲의 공동체The Inoperative Community』에서 같은 주장을 했다. 블랑쇼 논의의 단초를 제공한 이 책에 따르면

어떠한 개별 인간 존재라도, 당신도 나도, 문학작품과 똑같이 구조화되어 있다.(ICN 78)

이상한 비교처럼 보이지만 여기에는 여러 근거가 있다. 우선 문학작품과 마찬가지로 내 삶의 의미는 결정되어 있지 않다. 또한 다른 이들과의 소통을 통해서만이 내가 존재할 수 있다는 말은 이 소통이 나 자신보다 앞서 존재한다는 것을 의미한다. 다른 사람 앞에서 내가 말하는 낱말들에 소통이 실제로 관여한다는 것이 아니라, 나 자신보다 선행하는 타인과의 소통은 언제나 이미 일어나 왔다는 뜻이다. 과거가 있어 소통이 있으며, 시간을 버텨내는 언어는 글로 쓰인 언어다. 따라서 익명의 글쓰기가 문학작품을 만들어 내듯이 나는 나 자신의 핵심부에서 익명의 글쓰기를 발견한다.

정치, 그리고 타자의 얼굴

블랑쇼가 정치나 문학 공동체를 통해 말하려고 한 바를 쉽게 이해하는 한 가지 방법이 있다. 널리 알려진 사르트르의 글과 같거나 다른 부분을 짚어 보는 것이다. 이 책의 1장에서도 블랑쇼의 반反 이론을 논하면서 사르트르와 비교하였다. 블랑쇼처럼 사르트르는 희곡과 비평, 소설과 에세이를 쓴 문학 작가이자 철학자였다. 또한 블랑쇼가 다양한 잡지와 신문에 글을 쓰면서 생계를 유지했듯이 사르트르는 두 매체의 창간에 관여했고, 그중 하나는 일일신문으로 오늘날까지 남아 있다.[1945년에 사르트르는 보부아르와 함께 월간지 《현대 *Les Temps Modernes*》를 내놓았고, 1973년에는 프랑스의 대표적인 좌파 신문이며 현재

도 발행되고 있는 《리베라시옹Libération》을 창간하였다.〕

이 두 사람은 1930대부터 1960년대 사이에 점점 더 정치적 좌파로 기울었고, 60년대에는 함께 《국제 비평》에 관한 논의에 참여했다. 둘은 비슷한 연배였고 글의 주제와 사유에서 공통점이 많아서, 방식은 다르다 해도 끊임없이 비슷한 경로를 걸었다. 사실 사르트르는 프랑스 학계와 여론을 적어도 30여 년 동안 지배하면서 프랑스의 정치·예술 어디에서건 중요한 사건이 일어날 때마다 모습을 드러낸 행동주의자였으나, 블랑쇼는 그 자신의 글에 나온 표현을 빌리자면 밤의 영역에 속해 있었다. 이 시기 지식인들의 사진에서 사르트르의 모습은 쉽게 볼 수 있지만 블랑쇼는 그렇지 않다. 사르트르는 자기의 실천에 힘을 보태기 위해 글을 쓰고 글에서 힘을 얻었으나 이 사람, '모리스 블랑쇼'는 자기 텍스트 너머의 무의미 속으로 사라졌다. 사르트르는 선명한 정치적 존재였다. 그러나 정치의 공론장에서 모습을 감춘 블랑쇼의 진정한 정치적 영향력은 그가 쓴 글 속에 있었다.

두 사람 모두 인간 공동체는 당연히 타자의 존재를 필요로 한다는 가정 하에 인간 공동체의 가능성을 이해하려고 노력하였다. 사르트르가 그의 유명한 철학 저작인 『존재와 무Being and Nothingness』(1943)에서 말한 것처럼, 타자는 대상으로 고려되거나 앎의 세계에서 행동하는 주체로 여겨지지 않으면서 내 앞에 나타나야만 한다. 내가 타자를 대상으로 간주한다면 타자는 자기 힘으로 존재할 수 없다. 누군가를 주체적인 행위자로 표현하는 순간, 나는 그 사람에게서 나 자신을 유추해 내고, 그와 나 둘을 모두 주체성의 보편적인 형태가 보여 주는 한 예로 이해한다. 그래서 사르트르와 블랑쇼는 타자를 대

1970년 10월, 노동자들 앞에서 즉석연설하는 장 폴 사르트르
블랑쇼와 사르트르는 비슷한 연배였고 글의 주제와 사유에서 공통점이 많아서, 방식은 조금 다르지만 끊임없이 비슷한 경로를 걸었다. 사실 사르트르는 프랑스 학계와 여론을 적어도 30여 년 동안 지배하면서 프랑스의 정치·예술 어디에서건 중요한 사건이 일어날 때마다 모습을 드러낸 행동주의자였다. 반면 블랑쇼는 그 자신의 글에 나온 표현을 빌리자면 '밤의 영역'에 속해 있었다.

상화하는 세계에는 타자가 있을 수 없으며, 내 세계를 파괴하며 들어오는 존재가 타자라고 생각한다. 바꾸어 말하자면 이 두 사람은 타자를 '진정한 초월'이라고 생각했다. 즉, 나 자신의 세계 너머, 더이상 지식의 층위가 아닌 곳에서 내게 말을 거는 존재가 타자라고 생각한 것이다. 나는 대상을 알기 때문에 지배할 수 있다. 하지만 타자는 대상이 아니다. 오히려 타자와의 관계에서 본질적으로 나는 수동적이다.

블랑쇼가 말한 타자의 얼굴(5장 참고)과 타자의 시선을 말한 사르트르의 견해는 비슷한 부분이 많다. 사르트르는 내 세계를 뚫고 들어와 나를 무력하게 만드는 타자의 시선이 내 세계의 의미를 내게서 빼앗아서, 내 세계의 지평 안에 갑작스런 공백을 만든다고 했다. 마찬가지로 타자의 얼굴은 앎의 세계 너머에 있으므로 타자를 주체나 대상으로 설명하면 포착되지 않는다. 그렇지만 내 세계를 열어젖히고 들어오는 힘이라고 할 수 있는 시선과 달리, 블랑쇼에 따르면 얼굴은 수동성의 증거이다. 또 다른 힘이 아니라 나 자신이 약하다는 증거이며, 세계의 결함 앞에서 까무러치게 하는 기진맥진함의 증거다. 나를 수동성에 묶어 놓는 것은 타자의 힘이 아니라 관계의 중성성the neutrality이다. 타자의 힘에 억눌린 공동체에서의 삶은 흔히, 억압받고 있으나 도망칠 수는 없는 곳에서 사지를 꼼짝달싹 못하는 꿈에 비유되곤 한다. 공동체에 대한 이런 묘사는 이미 「마지막 말The last Word」(1935; in SBR 35-50)이나 「목가」(1936; in SBR 5-33) 같은 블랑쇼의 초기 작품들에 나타나 있다.

앞 장에서 논의한 것처럼, 정치는 윤리와 떼놓을 수 없다. 윤리는 감정과 느낌을 다루고 정치는 이성적인 이해의 영역을 뜻한다고 생각하는 것은 잘못이다. 이렇게 구획을 지으면 공동체의 진짜 삶이라는 초점을 놓치게 된다. 정치 공동체는 윤리적 관계가 공동체의 기초이며 타자와의 관계는 상호 관계의 일종이 될 수 없다는 사실을 염두에 두어야만 한다. "나는 나를 마주한 자를 결코 마주할 수 없다. …… 이 불평등은 되돌릴 수 없다."(IC 62) 사회적 관계들은 불공평할 수밖에 없다는 말이 아니다. 우리는 또 다른 정의正義 개념을 필요로 한다.

우리가 취해야 할 윤리적 자세, 나와 타자가 맺는 직접적 관계는 타자를 이방인, 정말로 다른 자로 만든다. 타자와의 관계는 모든 경험에 선행하니 타자를 부정하는 일은 사악한 신념을 따라 그들을 없애 버려야만 가능하다.(IC 64) 이렇게 보면 인종주의, 성차별주의, 동성애 혐오는 그저 무지의 소산으로만 볼 수는 없다. 이 차별적 태도들은 인종주의자 편에서 결심하고 행동하라고 요구한다. 헤겔의 변증법적 해결책이 갖는 근본적인 결함이 여기에 있다.

이에 따르면 인간은 타자가 자기를 인정하도록, 혹은 어떤 담론 속에서 자기를 인정받기 위해 무지無知에서 출발해야 한다. 그래서 모든 실제 삶이 사라지는 것을 감수해야만 인정을 받는다. 보편적 평등으로 몰아가는 사회의 담론을 주장하는 것은 합일communion[사전적 의미의 '합일'은 토지 등 물질적 자산의 공유나 공동체 구성원들 사이의 친교, 혹은 기독교 의식에서의 성찬 의식을 의미한다. 블랑쇼가 말하는 합일은 개개인이 자기의 주체성을 집단에게 완전히 맡겨 버리는 상태를 의미하며, 군대나 파시스트 집단의 특성이기도 하다. 『밝힐 수 없는 공동체』

에 따르면 그리스도의 피와 살을 의미하는 포도주와 빵을 먹는 성찬 의식을 통해 모든 신자들이 그리스도와 일치하는 은총을 얻게 된다는 기독교 교리는 합일에 이른 공동체를 상징적으로 잘 나타내 준다. 합일로 나아간 공동체에서 각 구성원은 자신의 자유와 의식까지도 초월적 지위에 있는 그 집단의 대표자에게 맡겨 버린다. 그들은 전체 속에서 자신을 잃어버리고 심지어 열광에 휩싸여 집단 자살에 이르는 일이 벌어지기도 한다. 공동체는 '집단적 단일성'을 낳는 합일로 인해 위태로워질 수 있으며, 종교나 현실 공산주의를 위시한 이데올로기는 합일을 강요하며 공동체를 위협한다.]에 바탕한 공동체 형태가 지니고 있는 전체주의의 일종일 뿐만 아니라 거짓말이다. 그러므로 사실상,

우리 사회에는 어떤 형태의 평등도 없다. …… 모든 말하기는 폭력이다. ― 대화를 주장하면서 이를 짐짓 무시하는 것은 전쟁이 또 다른 형태의 대화라고 보는 변증법적 낙관론에 자유주의적 위선을 더하는 것이다.(IC 81)

여기에서 블랑쇼는 한데 뭉쳐야만 공동체가 성립할 수 있다고 보는 시각에 작별을 고한다.

언어를 통한 추상화가 특징인 정치 담론은 공동체의 근원인 나와 타자 사이의 불평등과 우리 사회의 실제 불평등, 둘 다를 무시하는 방식으로 평등을 이야기한다. 앞서 우리가 표현의 자유를 다루었던 이유가 이것이다. 표현의 자유는 누구든 말하고 싶은 것을 말할 수 있게 하지만, 그 때문에 말하는 위치의 불평등을 감춘다. 그러니 표

현의 자유는 무엇보다도 사람들을 정치적으로 만든다. 블랑쇼는 말
하길, 정치 언어가 평등을 말하는 것을 좋아하는 이유는 평등의 수
사가 사회의 해체를 가속화시키기 때문이라고 했다.(IC 81) 이렇게
되면 우리는 언어를 단순한 정보 교환의 수단으로 다시 환원하면서
언어의 기본적 역할인 공동체의 환원 불가능한 매개를 잃어버린다.
낯선 자를 환대하는 것은 우리 언어에 주의를 기울이고, 그의 개별
성을 인정하는 것이다. 정치에서 문학이 수행해야 할 과제는 블랑쇼

변증법dialectic '혀를 통해서'라는 뜻의 고대 그리스어에서 유래한 담화나
      토론의 방식. 원래 변증법은 대화를 통해 지식을 얻는 방법을 가리
      켰다. 가장 유명한 예는 소크라테스(기원전 469~399)의 제자인 플
      라톤(기원전 427~347)이 쓴 소크라테스의 대화록이다. 대화하는 상
      대편의 의문과 모순을 논의하다 보면, 내가 전개하는 주장에 나 혼
      자서라면 이루지 못했을 진전이 일어난다는 생각이 이 대화록의 핵
      심이었다. 변증법은 가만 두면 그저 나의 의견에 불과했을 언어를
      끝까지 밀어붙여 객관성을 갖게 해 준다. 변증법은 중세의 이론적
      담론들을 거치며 다양한 형태로 나타났지만, 헤겔 철학에서 체계화
      된 방식이 가장 유명하다. 이제 변증법은 두세 사람의 대화에 한정
      되지 않으며, 다양한 현실의 면모에서 발견되는 모순들이 변증적
      과정을 진전시켜 준다. 예를 들어, 어떤 사람이 품고 있는 자기에
      관한 상象은 그의 실제 물질적인 조건과 모순될 수 있는데, 헤겔은
      그런 모순이 그 자체의 해결에 이르는 방식을 설명하였다. 이때의
      변증법은 '현실 변증법a dialectic of the real'이라고 불린다. 왜냐하면
      어떤 상황에 대한 우리의 이해만이 변하는 것이 아니라 상황 그 자
      체도 변하기 때문이다. 보편적 주체성의 인식을 인간 역사의 마지
      막으로 보는 헤겔의 이상理想은 헤겔 변증법을 비판할 때 항상 거
      론되는 부분이다.

의 표현을 빌면 복수적 말하기plural speech에 달려 있다. 하나의 의미로 축소되지 않는 이 말하기는 의미를 투명하게 전달하는 것도, 진리를 담지하는 주체의 위치에 관한 것도 아니다.

블랑쇼는 유대 민족의 역사에서 합일이 없는 공동체라고 그가 명명한 바 있는 사회를 발견한다.(IC 123-30) 교회와 신도가 각각 유기체의 전체와 부분으로 비유되어 단일성을 확보하는 기독교와 달리, 유대 민족의 역사를 보면 유대 공동체는 합일 관념을 중핵으로 하지 않음을 알 수 있다. 합일이야말로 인간 공동체를 낳는 종교적 관념이 될 법하지만, 블랑쇼는 합일의 결핍이 유대인들을 조각조각 찢어놓은 유대 공동체의 약점이라고 생각하지 않았다. 합일에 의지하지 않는, 민족주의적 신념이 기대는 상상의 정체성으로 자꾸 돌아가야만 유지되는 식이 아닌, 그런 공동체도 존재할 수 있다. 이때의 공동체가 스스로 지탱하는 힘은 이산離散, 즉 기존의 방식 바깥으로 나가라는 끊임없는 정치적 요구이다.

이산dispersion이나 유목민적 삶이라는 관념이 이 공동체를 이상적으로 만들지만, 박해를 낳는 원인도 여기에 있다. 유대인들은 유럽 어디서나 혐의자 취급을 받았다. 사법 체계 속에서 다루어지지 않고 그 바깥으로 탈출하는 죄 지은 자의 존재는 체제에 지속적인 위협이다. 유대교에서는 '바깥으로 향함'이 본질적인 윤리적 요구이다. 이 '바깥'은 지리적인 용어가 아니라 글쓰기와 역사의 운동에 자극받아 계속 새로워지는 전통의 개방성을 가리킨다. 우리는 인간은 문학작품처럼 구성되어 있다고 이야기했었다. 블랑쇼는 경전 해석의 역사적 과정을 진리라고 이해하는 종교가 유대교라고 생각한다. 이와 반대로 기독교에서는 성경에 씌어 있는 글 저편에 있는, 예수의 말에 담긴 비역사적인 진리를 항상 추구한다. 그래서 블랑쇼는 20세기 인종주의와 파시즘이 저지른 악행에서 벗어나는 길이 유대교에 있다고 보았다. "신화의 거부, 우상의 부인, 법을 존중하면서 명백해진 윤리적 질서의 인식"을 그는 발견한다.(BR 221)

1968년 파리에서 행진하던 군중들이 "우리는 모두 독일의 유대인들이다"라고 외쳤던 순간을 블랑쇼는 자주 회상했다. 이 구호에는 정치의 가장 본질적인 요구, 즉 어떤 정체성을 부여받았더라도 기존의 틀 그 바깥으로 향하라는 요구가 명백하게 드러나 있다. 블랑쇼가 하이데거와 자신을 가장 결정적으로 구분짓는 지점이 여기다.(3장과 4장을 참고) 하이데거의 무신론적인 태도와 달리 블랑쇼는 유대교의 더 본질적인 경험, 즉 "진리는 유목적"이라는 생각에 주목하였다.(L 189) 유목적 공동체는 그 땅의 전통과 완전한 하나가 되지 못한다. 즉, 이 공동체는 홀로 살아남는 것이 아니라 자신을 변화시켜야만 하고, 그 사회의 지배적 정체성이 형성되지 못하도록 계속 방해해야만 한다.

참여문학이란 무엇인가?

8장에서 우리는 오직 언어에만 기대는 공동체란 무엇을 뜻하는지를 계속 알아보았다. 주체라는 추상적 보편 관념으로 축소되지 않는 인간들 사이의 관계를 공동체가 추구한다면 또 다른 언어 경험이 필요하다. 우리를 모두 동일하게 만들지 않으면서 이방인의 진실에 다가가는 비변증법적 글쓰기가 그것이다.(IC 63) 이 언어는 정치적 참여의 언어가 아니라, 문학적 참여의 언어이다. 즉, 언제나 세상 속 인간의 자유를 위해 투쟁하려고 하는 것이지 오락거리가 아니다.

세계의 바깥과 잇닿은 것이 문학이라고는 하지만 이 세계가 반성적인 인간 행위의 총체로 이해되는 한, 나아가 일어나는 모든 일이라고 이해되는 한[비트겐슈타인은 『논리철학논고 Tractatus Logico-Philosophicus』(1921) 제1장에서 "세계는 일어나는 일들의 총체다."라는 유명한 명제를 제시한 바 있다.], 세계의 바깥이란 완전히 세계와 분리된 것이 아니라 세계의 한계이다. 그래서 우리가 우리 실존의 의미를 소모해 버리지 않고 세계 안에 살아 있는 존재라는 우리 자신의 진실에 도달할 수 있게끔, 문학은 우리를 인도하면서 참여한다. 프랑스 철학자 장 뤽 낭시는 이를 다음과 같이 서술한다.

글쓰기의 소통 속에서, 개별적 존재는 무엇이 되는가? 개별적 존재는 앞서 존재하고 있지 않았다면 아무것도 아닌 것이나 마찬가지다. 개별 존재는 그 자체의 진실, 그저 진실이 된다.(ICN 78)

참여문학을 말할 때, 우리는 이 참여가 곧장 진실로 향하기를 기대한다. 하지만 어떻게 참여가 이루어지는가? 앞서 1장에서 사르트르가 『문학이란 무엇인가?』(1947)에서 주장한 참여문학이 블랑쇼와 어떤 차이가 있는지를 잠깐 살펴본 적이 있다. 블랑쇼는 참여문학이 문학의 反 이론적 힘과 조화를 이루지 못하는 주요 문학 이론이 될 것이라고 보고, 이에 찬성하지 않았다.

두 사람이 보여준 입장 차이를 더 섬세하게 살펴보자. 사르트르는 문학이 행동의 세계에 참여하는 것으로 묘사하며 따라서 문학은 그 자체가 행동으로 나타난다. 사르트르가 문학작품은 작가와 분리되고 참여 행위 그 자체가 된다고 주장하기는 했지만, 그렇다 하더라도 그가 말하는 참여문학은 다른 정치적 입장과 대비되는 어떤 입장을 가정하는 듯하다. 사르트르가 인간 사회에 대한 특정한 정치적 입장을 받아들이도록 독자를 설득하는 선언문이 참여문학 작품이라는 식으로 생각했다는 말은 아니다. 대신에 그는 일차적인 의미 전달에 머무르지 않는 글쓰기가 문학이며, 문학은 무엇보다도 인간 실존의 자유를 위해 참여하는 소통이라고 보았다. 때문에 사르트르에 따르자면 인종주의적인 소설을 쓰는 것은 불가능하다. 모든 문학작품은 인간의 특정한 이미지를 각기 나름대로 제시하기 마련이지만, 본질적으로 자유로운 문학의 관계성은 어떤 사람들의 자유는 긍정하면서 또 다른 사람들의 자유는 부정하는 인간의 이미지를 전할 수가 없다는 것이다. 사르트르가 읽어보았을지도 모르는 블랑쇼의 초기 에세이 「혁명에서 문학으로From Revolution to Literature」(1937)에도 비슷한 견해가 제시되어 있다.

이런 일반적인 경우 외에도 어떤 문학작품들이 암암리에 드러내는 특수한 참여를 생각해 볼 수 있다. 모든 작품은 참여하지만 꼭 어떤 정치적 '입장'을 분명하게 드러내야만 하는 것은 아니다. 나아가 문학작품은 수단과 목적의 세계 바깥에 놓여 있으므로 특정한 정치적 입장을 취하지 않을 수도 있을 것이다. 개중에는 몇 시간 때우려 읽는 소설 그 이상도 이하도 아니라고 하면서 정치와 전혀 연관이 없는 척하는 책들도 분명히 있다. 하지만 블랑쇼에 따르면, 원래부터 탈정치적이라고 주장하는 작품들은 인간이 본래 고립되어 있고 개인적인 존재라는 생각을 부지불식간에 드러낸다. 이는 정치 영역과 인간의 관계에 대한 분명한 의사 표시이니, 탈정치적인 입장은 이미 숨겨진 정치적 입장이다. 아무것도 전달하지 않는 척하면서 작품에 담긴 정보가 간단명료한 '진실'이라고 포장하고 있으므로, 이 속에 담긴 정치는 특히 위험하다. 이런 작품들은 "누구든 가리지 않고 섬기는 하인"이 된다.(WF 192)

문학작품의 참여가 작가와는 독립적으로 이루어진다 하더라도 작가는 작가로서의, 나아가 지식인으로서의 책임과 마주한다.

지식인은 일정한 역할이 있다. 사람들이 가끔씩 일상 업무에서 눈을 떼도록 만드는 데 그쳐서는 안 되며, 세상에서 벌어지는 일들을 비판하거나 판단할 수 있도록 관심을 돌리게 하는 것이 지식인의 역할이다.(BR 207)

문학작품의 저자들은 애매한 위치에 서 있다. 정치적 입장을 꼭 드러내야 하는 사람들이 아닌데도 이들은 저자라는 자격으로 체제에 저항하곤 하니, 공산당이 사르트르의 지지와 참여를 계속 미심쩍게 생각한 것도 무리는 아니다. 저자가 처한 불확실한 위치는 블랑쇼의 다음과 같은 말에 잘 나타나 있다.

나는 어떤 당에 속해서 결정을 내리는 사람들이 왜 자기들과 의견을 같이 하는 작가들을 불신하는지 이해가 간다. 이 작가들은 문학에도 참여하고 있고, 결국 문학은 재현한 것의 내용을 문학 행위를 통해 부정할 것이기 때문이다. 이것이 문학의 법칙이자 진실이다.(WF 309-10)

문학의 본질에 주목한 블랑쇼는 참여문학이 지나치게 손쉬운 해결책이며 문학과 정치에 대한 잘못된 신념을 끌어들인다고 보았다. 문학은 자유의 운동이기 때문에 재현한 것의 실체를 부정하지만, 모든 정치 운동은 특정한 정치 질서를 존립시키려고 한다. 그러므로 문학을 정치에 종속시키는 것은 잘못된 신념에 따른 행동이다.

블랑쇼가 사르트르의 참여문학 논의를 싸잡아 비판한 것은 아니다. 참여하는 작품이라는 차원에서의 행동에는 블랑쇼도 관심을 기울였다. 하지만 그는 지식인으로서의 사르트르는 비판한다. 작가 사르트르의 영향력을 빌려 힘을 키운 지식인 사르트르는 자기의 특정한 선택과 도덕적 위치를 정당화하기 위해 작가 사르트르의 영향력을 오용한다.(BR 224) 지식인 사르트르는 작가 사르트르의 작품을 전유하고 있는 것이다. 이렇게 보면 그는 위에서 말한 잘못된 신념을 가지고 자기 작품을 대하고 있는 셈이다.

그러나 그렇다면 작가의 책임이란 무엇인가? 우리는 이미 답을 알고 있다. 지식인으로서 정치에 개입하는 것이다. 이제 우리는 앞서 일부 인용했던 문장 전체를 이해할 수 있다. "쓰는 것은 참여이다. 그러나 쓴다는 것은 또한 참여하지 않는 것이며, 책임을 물을 수 없는 참여이다."(WF 26)〔6장의 '첫 번째 정치적 후퇴' 부분에서는 같은 문장의 일부를 다른 각도에서 인용하고 있다.〕 앞에서도 본 것처럼 문학은 저자의 권위가 의미를 결정하지 못하게 하는 익명의 목소리로 말하므로 위험하다. 다시 말하자면 권력의 제도화에 의문을 제기하는 글쓰기는 순진해서 위험하다.(F 64) 1960년대에 30년대만큼이나 혁명적이었던 블랑쇼는 「의문 속의 지식인들」(1984; in BR 220-1)에 이르러서야 우리 사회의 민주적 기초와 화해하면서 자신의 혁명적 정치 개념을 비판하였다.

이 비판은 초기 입장의 전면 부정이 아니라 재해석에 가깝다. 그의 문화 비판이 아직 가치 있다면, 문학은 혁명을 꿈꾸는 일이 될 것이다. 그리고 그가 「문학과 죽음에의 권리」에서 썼듯이 혁명적인 행동은 여전히 "문학으로 구체화된 행동과 모든 측면에서 비슷"하다.(WF 319) 혁명의 시기는 문학의 절정기이자 "문학이 역사가 되는 때"이다.(WF 321)

문학과 문학의 참여에 대한 블랑쇼의 사유가 준 깨달음이 있다면, 작가가 여전히 세계를 말하려고 하더라도, 다시 말해 그가 하는 말에 진실을 불어넣고 인간 지식에 공헌하고자 하더라도, 문학이 세계에 다가가는 간접적인 방식이야말로 자유, 공동체, 소통의 개념을 바꾸어 놓는다는 사실이다. 블랑쇼는《국제 비평》의 주요 목표를 이야기하면서 이에 대한 가장 분명한 표현을 내놓았다.

《국제 비평》은 작가가 '세계'를 말할 수 있게끔 하는 새로운 가능성을 마련하려고 노력할 것이다. 그러나 작가가 세계를 말하는 것은 작가로서, 작가에게 적절한 관점에서, 작가의 유일한 진실이 낳는 책임과 함께 이루어져야 한다. (그렇지만 여전히 본질적인) 이 책임은 따라서 문학과 사회의 관계를 거칠게 다루는 1945년 이래의 태도, 흔히 말하는 '사르트르적인 참여'와는 완전히 다른 형태이다.《국제 비평》이 정치적 현실에 직접 관여하는 것이 아니라, 언제나 간접적인 방식을 취해야만 하는 것은 그러한 참여의 결과라고 할 수 있다. '간접적' 방식의 탐구는《국제 비평》의 주요한 임무 중 하나이다.(L 185)

이 말에는 사르트르가 생각한 참여문학과의 분명한 차이가 나타나 있으며, 이 차이가 공산주의를 완전히 다른 각도에서 바라보게 한다.

문학적 공산주의

제2차 세계대전을 앞뒤로 하는 역사적 환경 속에서 글을 쓴 것이 사르트르와 블랑쇼의 유사성을 낳았으나, 그 유사성 속에서 두 사람은 정반대의 모습을 보였다. 사르트르는 인간은 어떤 상황 속에서 자기 자신을 발견하고, 그 상황 속에서부터 자기 존재를 만들어 간다고 보았다. 여전히 사르트르에게 인간은 자기의 운명을 만들어 가는 존재인 호모 파베르homo faber〔라틴어로 '(도구를) 만드는 인간'이라는 뜻. 도구적 인간, 노동하는 인간, 혹은 공작인工作人이라고 번역하기도 한다. 기본적으로 인간의 본질이 연장과 도구를 사용하는 데 있다는 의미에서 출발하여 문명화나 과학 기술적 발전을 이룩한 인간의 능력을 가리키게 되었으며, 나아가 실천하고 행위하는 인간 존재를 의미하기도 한다.〕였으며, 인간은 자유 의지를 통해서가 아니라 타자의 절대성과 세계라는 두 한계를 모두 인식하여 자기의 실존을 만들어 나가야만 했다.

인류는 자기 역사를 만들어가고 그래서 자기 본질을 낳는다고 이해되었고, 타자와의 관계에서 본질이 주어지므로 인간은 공동체를 형성하여 본질을 드러낸다. 인간은 인간 사회의 조직을 위한 정치적 투쟁을 거쳐 역사를 만들어 가며 자신을 창조한다. 7장에서 보았듯이 블랑쇼는 정치 참여를 이렇게 설명하면 결정적인 실수를 범하게 된다고 여긴다. 정치를 합리적 운영으로 한정하는 것과 별다르지 않고, 결국 정치의 축소를 꾀하게 된다는 것이다. 마르크스주의에서 출발해, 중국 공산당의 설계자이자 지도자인 서기장 모택동의 더욱 급진적인 공산주의 사상인 모택동주의Maoism로 옮아가는 사르트르의 자포자기적인 행보를 어떻게 설명할 수 있을까?

블랑쇼는 항상 직접적으로 행동으로 정치에 관여하려고 한 사르트르의 태도가 원인이라고 생각한다. 사르트르식의 정치 참여는 현 사회의 파멸이라는 대가를 치르고서라도 이상 사회를 건설하려는 시도로 귀착될 수밖에 없다. 때문에 우리가 보아 왔듯이 블랑쇼는 더 간접적인 참여와 문학작품의 비참여를 통해 정치에 개입하려고 했다. 그러나 사르트르의 유명한 선언, "공산주의는 우리 시대의 거스를 수 없는 정치적 지평이다."라는 말은 블랑쇼의 정치 사유와 밀접한 관계가 있다. 우리가 앞서 인용한 블랑쇼의 글에도 사르트르의 선언과 유사한 부분이 있다. "나는 끊임없이 해 왔던 반성, 공산주의의 절박성을 다시 성찰해 보려고 한다."(UC 2)〔6장 '첫 번째 정치적 후퇴' 말미에 같은 인용이 있다.〕

블랑쇼의 관점에서 본 공산주의란 무엇일까? 그리고 블랑쇼가 말하는 공산주의는 그가 유대교나 문학을 성찰하며 내놓았던 정치적 사유와 본질적인 관계를 맺고 있는 것일까? 공동체community, 공산주의communism, 소통communication, 합일communion이라는 말들의 공통점을 따라가다 보면, 블랑쇼가 공산주의라는 말을 들어 특정한 정치적 관점 이상의 더욱 본질적인 무엇인가를 노리고 있었다는 점이 분명해진다. 공산주의가 우리 시대의 거스를 수 없는 정치적 지평이라는 말이 성립하려면 무엇보다도 공산주의가 정치적 삶 그 자체의 가능성을 문제 삼아야 한다. 즉, 블랑쇼는 공산주의를 다른 이데올로기와 대결하는 또 하나의 이데올로기로 보지 않는다. 그가 의미하는 공산주의는 정치성을 부정하는 사적 개인이라는 자유주의적 관념에 대항하는 것이다. 결국 블랑쇼에게 공산주의는 경제적인 것만을 추구하는 근대 사회에서 정치성의 가능성을 정초하는 것이다. 정치적 삶은 자유로운 인간 존재들의 공동체적 실존과 밀접한데도, 수많은 사적 개인들은 아무리 애써 봐도 비참한 상태에서 벗어나기 힘들다. 블랑쇼는 인간 존재의 가능성을 이렇게 요약한다. "진정한 자유, 인간 공동체의 성취, 통일성의 원칙으로서의 이성. 달리 말하자면, 완전한 의미에서 공산주의라고 일컬어져야만 하는 총체성."(F 107)

분명히 블랑쇼가 말하는 공산주의는 개인을 국가에 종속시키는 전체주의 체제를 가리키는 것이 아니다. 오히려 반대로, 서로 다른 인간들 간의 관계로서의 공동체를 고민하는 공산주의는 끊임없이 공동체에 의문을 제기한다. 그래서 공산주의의 문제 제기는 공동체의 가능성을 묻는 필수불가결한 질문이다.

공산주의가 지향하는 소통은 그 어떤 소통과도 비교 불가능하다. 모든 소통이 공공의 영역에서 일어나며, 그 때문에 모든 것이 공적인 성격을

갖게 된다. 이 소통은 우리에게 가장 가까운 것을 통해서 타자와 우리를 한데 묶어놓는다. (F 149)

나와 다른 존재인 타자와 관계 맺는 것을 뜻하는 공산주의는 정치체제를 지키거나 현 상태로 유지하려는 것과 대립한다. 보통의 공산주의 이해와 크게 다른 이 시각은 블랑쇼의 친구인 바타유의 정치관련 논의에서 큰 영향을 받았다. 공산주의는 약화된 영구한 혁명이다. '약화된'이 붙은 것은 완벽한 상태를 가져오는 영광스러운 혁명이라는 생각에는 동의하지 않는다는 뜻이다. 오히려 공산주의는 정치제도들이 제도화되려고 하는 것을 계속 중단시키는 정치체제를 지향한다. 그래서 공산주의는 기존 공동체에서 내쫓긴 정치성을 사유하며, 조금 난해한 표현이긴 하지만 블랑쇼가 바타유를 따라 주장한 바에 따르면, 공동체 없는 이들의 공동체이다.

유대교는 신화로 회귀하지 않는 정치체제 수립을 지향하는 공산주의라는 생각에 영감을 주었다. 1930년대에 블랑쇼는 민족주의적 신화에 기반한 프랑스로 돌아가야 한다고 주장하며 정치에 참여했지만 유대교의 자극을 받아 변화하였다. 제2차 세계대전 발발 이전에, 공산주의는 파시즘 운동과의 싸움에서 패배하였다. 파시즘은 민족 구성원 모두에게 진정한 실존을 맛보게 해 주겠다며 민족을 공통의 운명으로 묶어 줄 신화에 기반한 민족 공동체를 달성하려고 했다. 하지만 파시즘은 전쟁을 일으키지 않은 곳에까지도 가장 극단적으로 제도화된 정치를 낳게 할 것이 분명했다. 이와는 반대로 바타유와 블랑쇼가 생각하는 공산주의는 최종적인 구원을 약속하지도, 사람들의 어깨에서 정치의 무게를 벗겨 주지도 않는다. 개인이 공동체와의 완전한 합일 안에서 자기 자리를 찾을 수 있다는 관점에 반대한 바타유는, 충만하고 자유로운 실존은 제 자신을 잃어버려야만 얻을 수 있다고 주장한다. 여기에서 개인은 공동체에서 사라지지도 홀로 영웅적으로 공동체 바깥에 서지도 못한다.

블랑쇼가 공산주의를 어떻게 이해했는지 파악하려면 그가 말한 문학의 경험을 실마리로 삼아야 한다. 앞서 살펴보았듯이 문학 공동체는 정치성을 이해하는 모델이 된다. 그리고 이때의 정치성은 공동체를 계속 혼란시켜야만 한다. 문학은 공동체의 영역에 있으면서도 합일을 가져오지 않는다. 어떤 저자와 같은 민족이라는 이유로 민족주의적 자부심을 느끼는 일은 문화의 '거대한 환원의 힘'이 문학을 소멸시키는 곳에서나 볼 수 있다. 그러니까 셰익스피어나 괴테를 배출한 어떤 종족에 속한다고 자랑스러워하는 사람은 동시에 문학의 죽음을 초래하는 셈이다. 때문에 문학은 근본적으로 민족주의적이지도 보편적이지도 않으며 어떤 순간에도 혁명적이다.

블랑쇼에게 공산주의는 여타 이데올로기 중 하나가 아니다. 우리 시대의 가장 어려운 과제, 즉 정치성을 되살려야 하는 과제를 수행하는 것이 공산주의이다.

기존의 잘못된 신념과는 완전히 다른 확신으로 나아가야 한다. 어렵고, 본질적으로 위험하지만 이는 의심할 나위 없는 우리 시대의 과제다. 간혹 제 의무를 다하지 못해 왔던 공산주의는 이 과제를 엄격하게 우리에게 상기시켜야만 한다. 또한 '예술 경험'이 그에 고유한 영역에서 우리에

게 환기시켜야 하는 것도 이 과제이다. 놀라운 일치가 아닌가.(F 97)

블랑쇼의 여러 책들에는 첫 페이지에 이런 제사題司가 붙어 있다. "모리스 블랑쇼, 소설가이자 비평가, 1907년 출생. 그의 삶은 문학과 문학에 알맞은 침묵에 온전히 바쳐져 있다." 이제 우리는, 정치에서 철수하여 저자의 사적인 삶으로 후퇴한다는 말과 이 문장이 전혀 다르다는 것을 알고 있다.

인간 공동체는 어떻게 선善을 획득하는가?

정치에 대한 의문, 즉 인간 공동체가 어떻게 선善을 획득할 수 있느냐를 묻는 질문은 문학에서 자주 나타난다. 문학과 정치 모두 지식과 정보의 세계와는 전혀 다른 인간 공동체와 밀접하기 때문이다. 블랑쇼가 계속 일깨워 주듯이 정치성의 기반은 행정이나 경제 층위가 아니라 인류의 윤리적 공동체에 있다. 타인과 내가 맺은 관계는 지식의 일종이 아니므로 예술에 의해서만, 특히 문학에 의해 포착될 수 있다는 것이다. 정치성과 마찬가지로, 문학은 세계에 대해 쌓아 가는 지식이 아니라 공동체를 분명하게 드러내는 것the articulation of community이다. 블랑쇼에 따르면, 우리는 언어를 문학의 자리에서 이해해야 하며 인간끼리의 관계는 저자와 독자 사이의 관계를 빌려 이해해야 한다. 이렇게 바라보아야 개인을 문학작품처럼 구조화된 것으로 이해할 수 있다.

참여문학에 대한 블랑쇼의 입장을 이해하려면 사르트르와 비교하지 않을 수 없다. 이 둘은 비슷한 기본 전제들을 많이 공유했는데, 예를 들어 정치성을 논할 때에는 인간 간의 관계를 사유하는 것이 필수적이라는 통찰이 그러하다. 그러나 배경이 비슷하다 할지라도 블랑쇼는 명확하게 다른 견해를 보여 주었다. 그의 말에 따르면, 나의 세계에 불쑥 등장한 타인은 내가 이 관계를 지배할 힘이 없다는 경험을 낳게 한다. 이 지점에서부터 블랑쇼는 공산주의를 정치 영역의 끊임없는 혼란으로 전환시킨다. 공산주의가 합일이 없는 공동체를 목표로 한다면, 즉 개인을 시민이라는 보편 관념의 한 예로 바꿔 놓지 않는 한에 있어서, 블랑쇼는 공산주의가 이상적인 문학 공동체를 낳는다고 본다.

사르트르가 주장한 참여문학과 블랑쇼가 말한 문학의 '반反 이론' 사이의 가장 큰 차이는 사르트르가 문학을 정치에 종속시켰고, 그래서 문학과 정치를 모두 잘못 이해한 데 있다. 문학은 끝내 정치에 봉사할 수가 없다. 왜냐하면 문학은 언제나 정치도, 나아가 문학까지도 혼란시키기 때문이다. 블랑쇼가 보여 주듯이, 글을 쓴다는 것은 공산 국가를 비롯한 모든 권력의 제도화에 의문을 제기하므로 위험하다.

블랑쇼는 사르트르식의 참여문학을 비판하면서 문학, 유대교, 공산주의를 문학 공동체라는 이상과 결합하는 독특한 접근을 보여 준다. 유대교를 끌어온 이유는 다른 데 있지 않다. 유대교는 신화적 기반에 기대지 않고 인간 존재의 문학적 구성을 설명해 준다. 그러므로 신화에 기반한 합일을 꿈꾸는 파시즘을 피하려면, 또 정치가 정치적 무관심을 통한 지배로 축소되는 자유민주주의의 위험을 극복하려면, 블랑쇼의 사유에 주목해야 한다.

블랑쇼 이후

글쓰기의 익명성

의미를 저자의 의도에서 찾는 시각을 비판한 블랑쇼 비평을 다루어 온 만큼, 여기서 말하는 블랑쇼의 영향은 그 이름으로 나온 책들의 영향을 뜻한다는 점을 우선 분명히 해 두자. 나아가 블랑쇼의 영향이란 우리가 '블랑쇼'라고만 부르는 저작들이 현대 문학비평과 철학, 관련 주제 영역에 가한 충격을 의미하기도 한다. 여기서 언급하는 책과 글들은 다른 사람들이 블랑쇼의 책에 나온 문구들을 얼마나 인용했는지를 보여 주기 위해서가 아니라, 그의 텍스트가 제기한 질문과 문제들이 끼친 영향을 살펴보기 위해서 논의될 것이다.

작가의 소멸은 작품을 지금의 비평 이론 안에 굳건히 자리잡게 한다. 이 말은 작품을 먼 과거에서부터 이어지는 많은 작품이나 작가들의 계보 속에 집어넣는다든가 지성사적 발전의 한 예로 본다는 뜻이 아니다. 플라톤에서 시작해 블랑쇼로 멈춘 뒤 그의 뒤에 다른 사람들을 죽 세워 놓고, 이 사람들을 모두 목걸이의 구슬들처럼 한데 모아 연결 지을 수 있을지도 모르겠다. 하지만 블랑쇼가 누군가를 인용하는 일은 거의 없다. 그는 자기 자신에 대해서도 그렇거니와 다른 저자들의 지적 자산에도 그다지 신경을 쓰지 않는다. 결국 우리도 블랑쇼의 태도가 '블랑쇼에게 걸맞은' 통찰이라고 납득해 버려서 독창성에 신경 쓰지 않게 된다. 나열되어 있는 계보 안에 어떤 작품을 끼워 넣거나 작품 안에 나타난 모든 생각들의 출처를 확정짓는 것이 그 작품을 이해하는 방법이라고 생각하는 경우가 많지만, 분명한 것은 그런 식의 해석이 작품의 의미에 다가서지 못하게 막는다는 사실이다. 작품을 영향 관계 속에 집어넣으면 작품은 없어져 버리고, 작품이 누군가에게 끼친 진정한 영향을 부인하게 된다.

블랑쇼가 글쓰기는 본질적으로 익명성을 가진다고 본 것은 이 때문이다. 저자도, 그 글에 미친 여러 영향들도 예외일 수 없다. 글쓰기는 그 출처를 인정하지도 않으며 다른 작가들에게 영향을 주려고 애쓰지도 않는다. 그 자체를 드러내려고 하지도 않고 유명세를 타는 데에 작품을 써먹지도 않으면서 글쓰기의 책무에 응답하려면 작품은 분류하기 곤란한 것이 되기 마련이다. 이 특성이야말로 작품을 우리 지성사 안에 확고하게 자리잡게 한다. 전거가 될 이름들을 밝히지 않는 블랑쇼의 침묵은 게으름이나 도용과는 관계가 없다. 자기 이름이 가지는 권력을 내세워 공적인 활동을 벌이지 않고 침묵을 지킨 것은 단순히 개인적인 기벽이 아니라 글쓰기가 살아남는 방법이다. 즉, 작가는 작품이 발자취를 남기도록 사라져야만 한다.

그러나 막상 블랑쇼의 글들을 읽어 보면 다른 이의 우정을 기리는 경우가 꽤 많으니, 애초에 이 '작가의 소멸'은 모순을 안고 나타난 것이 아닐까? 그가 말하는 우정은 각기 다른 작품들 간의 관계가 아닌 사람들 사이의 관계를 말하는 것 같다. 작품이 무엇인지 이해하는 것이 우리의 목표인데도 왜 이 우정들에게 관심을 기울여야 할까? 바타유나 레비나스와 나눈 우정은 블랑쇼 사유의 밑거름이 되었고, 블랑쇼가 제기한 문학의 가능성, '저자의 죽음', 윤리와 정의의 문제는 고스란히 데리다와 탈구조주의의 중심 문제가 된다. 심지어 푸코는 블랑쇼가 되는 꿈을 꾸었다고도 하는데, 이 모든 것이 작품과 무슨 관계라는 말인가? 이 우정들은 손쉬운 의기투합이 아니라 두 사람이 자신들을 넘어서는 무엇인가와 마주보는 것이다. 친구가 된다는 것은 지금의 내 존재에 제동을 거는 일이니, 우정은 소외의 관계이다. 오직 타자의 눈만이 고립된 존재인 내 실존을 극복하게 해 주며, 우정은 물론이고 글쓰기의 본질적 요구도 지속시킨다.

'해체'의 선구자, 프랑스 사상의 시발점

『밝힐 수 없는 공동체』의 앞머리를 들춰 보자. 이 책은 바타유가 펼친 정치적 사유의 중요성을 반성한 장 뤽 낭시의 책에서 영감을 얻었으니 영향 관계가 분명하지만, 블랑쇼는 대놓고 낭시나 바타유의 작업에 대해 쓴 것도, 그 밖의 것에 대해 쓴 것도 아니다. 낭시와 바타유의 글들은 마치 블랑쇼가 누구의 의견이더라도 상관하지 않고 정치성에 관해 쓸 수 있도록 내버려 두고 있는 것처럼 보인다.

기묘하게도 우정이라는 문제는 작가의 소멸과 모순되지 않는다. 우정은 작가가 다시 각광받게 하는 대신에, 우선 작가의 소멸을 준비한다. 작가가 다른 사람의 작품은 물론이고 자기의 작품하고도 소원하게 되는 것은 바로 이런 관계 속에서다. 이 대목에서 블랑쇼가 글쓰기의 소외를 가리켜 인간이 맺는 관계들의 현실, 다시 말해 정치성을 이해하는 기초가 될 수 있다고 말한 이유가 드러난다.

사람은 다른 사람의 불가능한 친구이다. 친구와의 관계는 언제나 불가능성과 함께 한다. 이 속에서 사람은 무력해지며, 이때의 소통이란 아주 먼 미래에는 서로 구별하지 않는 세계 속에서 서로를 인정하게 되리라는 희망을 품고 있는 개별 존재들의 소통이 더 이상 아니다. 즉, 소통은 개개인들을 욕망의 깊숙한 관계 속으로 끌어들여 한데 뭉치게 하는 데 머무르지 않는다. 소통은 융합을 확인하는 운동으로서가 아니라 거부하는 운동으로, 어떠한 보증도 확실함도 없는 운동으로서 홀로 나타난다.(F 96)

소통의 불확실성은 다른 사람들과 분명하게 구분되는 제 각각의 사유가 각자의 책에 담겨 있다는 통념을 무너뜨린다. 분명히 서로 교류가 없었는데 어떻게 어떤 사유가 한 저자에게서 다른 저자에게로 전해질 수 있었는지 모를 때, 심지어 '이 생각은 바람에 실려 갔나 봐.'라는 애매한 비유를 동원하면서까지 거짓 설명을 찾아내려고 하는 때를 떠올려 보면 엄격하게 사유의 소유권을 구분하는 통념보다 오히려 글쓰기의 상호 침투가 현실에 더 잘 들어맞는다는 것을 알 수 있다.

사실 블랑쇼의 글은 무심코 따라했으면서도 뭘 따라했는지 잘 모르는 유행처럼, 읽히지 않았으면서도 널리 알려져 있다. 영미권에서는 보통 블랑쇼를 먼저 읽지 않고 다른 사람, 특히 1970년대부터 일어난 문학 이론 부흥의 선두 주자인 데리다를 통해서 알게 된 사람이 많다. 분명히 블랑쇼는 소위 '해체deconstruction'의 가장 중요한 선구자였으며, 데리다의 책에서 블랑쇼의 글에 등장하지 않았던 생각을 찾기는 어렵다. 블랑쇼의 글은 바르트, 푸코, 들뢰즈 등 많은 동시대 프랑스 사상가들에게 결정적인 자극을 주었다. 20세기 프랑스 사상의 주류는 코제브의 헤겔 강의를 공통적인 시발점으로 삼았으나, '헤겔주의의 프랑스판'이 된 것은 무엇보다 바타유와 블랑쇼의 코제브 해석이었다.

문학의 관점에서 바라본 언어

다른 작가들처럼 블랑쇼도 몇 번이고 다시 한 주제로 돌아오는데, 그에게 그 주제는 언어이다. 말라르메도 그랬다시피 그는 언어학자가 아니었다. 이를테면 미국의 언어학자 노엄 촘스키Noam Chomsky (1928~)처럼 새로운 언어학 이론을 만들어내는 것이 아니라 언어를 문학의 관점에서 기술하는 것이 블랑쇼의 목표였다. 그렇게 하여 그는 전통적인 언어 개념에 의문을 제기하고자 했다.

문학에서 출발한다면 언어는 더 이상 우리 생각의 표현으로 이해될 수 없다. 하지만 전통적인 언어학에서는 말하는 주체에서 언어 연구가 시작된다. 언어를 과학적 조사의 대상으로 삼기 때문에 주체의 형이상학적 위상은 사유되지 않은 채로 남겨진다. 하지만 언어는 아주 근본적인 층위에서 나오고, 그래서 언어는 특수한 기능으로 축소시킬 수 없다는 것을 깨닫게 되면 전통 언어학의 입장은 흔들린다. 문학의 시각으로 보면, 언어는 특정한 어떤 사람의 말로 여겨지지 않는다. 언어는 의식적인 사유를 번역해 주는 것으로 경험되는 것이 아니라, '누군가 말한다'는 이름 모를 근원에서 나온다. 이런 언어 경험이 언어가 무엇인지 명백하게 일러주는 대신 언어의 근원인 주체의 위상을 의문시한다는 점에 주목해야 한다.

헤겔, 니체, 하이데거, 블랑쇼가 중요시한 언어의 재개념화는 언어학·형이상학·윤리학·정치학에서 미학, 특히 문학 이론에 이르기까지 각기 다른 여러 영역에서 유럽 사상의 지평에 결정적인 변화를 가져왔다. 이들은 니체가 말한 '신의 죽음', 즉 현실의 파편화를 이끄는 어떤 것을 이해하려고 애썼다. 니체에게서 물려받은 화두이자 블랑쇼가 글 전체에 걸쳐서 고민해 온 것은, 생소하며 이물스럽고 겉보기에는 의미 없어 보이는 죽음의 경험을 통해 드러나는 우리 실존의 유한성이었다. 우리의 실존은 세계를 의미 있게 만드는 힘 있는 주체 따위가 아니라 타자의 이름 없는 목소리에 귀 기울이는 수동적인 인간 존재이다.

이 말은, 인간을 이름 없는 존재로 만드는 힘anonymity이 가장 강력하게 나타나는 장소인 문학에서 제기되는 질문은 가치와 취향을 묻는 편협한 것이 아니라, 인간 존재의 상태가 무엇인지 사유하는 직접적인 철학적 질문이라는 뜻이며, 또한 문학의 질문 자체가 광범위한 윤리적·철학적 중요성을 지님을 의미한다. 주체가 사라지는 문학 언어는 후에 이른바 '해체'의 핵심이 된다. 해체는 텍스트가 기대는 특수한 가정이 무엇인지 알아내는 비평적 분석 수단이기도 하거니와 무엇보다 주체의 형이상학을 철저하게 심문하는 철학적 기획이다. 데리다가 보기에 문학은 주관적인 느낌이 어땠는지, 어떤 예술 작품의 가치가 얼마나 되는지 등을 묻는 미학적인 관심사 이상을 언제나 질문해 왔다. 해체가 텍스트의 세밀한 분석으로 연결된다면, 블랑쇼가 이미 했던 것처럼 일반적인 철학적 질문들은 해체에 직면하게 된다.

'문학'이라는 경계를 넘어

이제 우리는 마지막으로 블랑쇼의 글쓰기가 프랑스 문화에, 그래서 영미 문학 이론에 끼친 영향에 주목하게 된다. 문학이 무엇인지 묻는 것을 텍스트의 의미가 무엇인지 묻는 것으로 축소하지 않게 되자, 문학은 특정 장르의 구속을 뚫고 나온다.

문학작품은 더 이상 '소설'이나 '서사'라는 좁은 영역에 한정될 수 없으며 문학 연구는 역사, 사회학, 철학과 엄격하게 구분되지 않는다. 구획되고 제한된 학술적 대상으로서의 '문학'은 최근에 고안된 것임에도, 적어도 블랑쇼의 영향 아래에서는 이미 사라지고 있다. '문학 연구'라는 구속이 풀린다 할지라도 문학에 대한 질문들은 끊임없이 나타날 것이니, 문학을 생각하고 문학의 질문과 씨름하면 우리 시대의 가장 근본적인 질문들에 직면하게 되리라. 블랑쇼의 글쓰기가 낳은 위대한 영향이 이것이다.

블랑쇼의 모든 것

■ 모리스 블랑쇼의 저작

1. *Thomas the Obscure*, *New Version*, trans. Robert Lanberton (D. Lewis, New York, 1973).(「또마, 알 수 없는 사람」, 최윤정 옮김, 《작가세계》, 1990 가을)

프랑스에서 1941년에 처음 출판되었다.(블랑쇼는 1950년에 개정판을 내놓았다.) 『알 수 없는 자, 토마』는 주인공 토마가 겪는 사건에 초점을 맞추고 있는 것이 아니라 소설의 형식에 중점을 두고 있으므로 줄거리 요약은 무의미하다. 아주 명료한 산문체로 되어 있지만, 특정한 의미에 고정되지 않는 작품이다. 죽음의 불가능성에 대한 성찰은 이 작품뿐만 아니라 블랑쇼 문학 비평에서 아주 중요한 주제이다. 『문학의 공간』에 실려 있는 에세이 「문학과 죽음에의 권리」는 『알 수 없는 자, 토마』와 대위법적인 조화를 보여 주면서 더 일반적인 형식으로 죽음을 분석하고 있다. 이 소설은 다음에서 소개할 『*Station Hill Blanchot Reader*』에도 수록되어 있다.〔한국에 번역된 것은 개정판이다.〕

2. *Death Sentence*, trans. Lydia Davis (Station Hill Press, Barrytown, NT, 1978).(『C. 신부/죽음의 선고/말론은 죽다』, 바타유·블랑쇼·베케트, 안태용 옮김, 금성출판사, 1983. 「자라나는 죽음」, 민희식 옮김, 《한국문학》, 1980년 11월)

제2차 세계대전 초기에 파리에서 창작된 것으로 알려져 있는 아주 깜짝 놀랄 만한 작품이다. 화자와 두 여성과의 관계가 주된 줄거리인데 ,한 여성은 불치병을 앓고 있다. 『알 수 없는 자, 토마』와 마찬가지로 서사가 아니라 분위기가 중요하다. 순전히 이론적인 관점에서 보자면 죽음과 죽어감, 글쓰기의 초과적 요구 등 블랑쇼 문학비평의 주요 주제와의 관련을 찾아낼 수 있다. 이 작품도 『Station Hill Blanchot Reader』에 수록되어 있다.

3. *The Gaze of Orpheus, and Other Literary Essays*, ed. P. Adams Sitney, trans. Lydia Davis (Station Hill Press, Barrytown, NT, 1981). (『오르페우스의 시선』)

블랑쇼의 글을 모아 영어로 번역한 책들 중 하나이다. 지금은 절판되었으나, 여기에 실린 에세이 대부분이 『Station Hill Blanchot Reader』에 실려 있다.

4. *The Madness of the Day*, trans. Lydia Davis (Station Hill Press, Barrytown, NT, 1981). (『낮의 광기』)

블랑쇼의 짧은 이야기들 중 하나로 프랑스에서는 1973년에 처음 출간되었다. 다른 블랑쇼의 소설들처럼 줄거리는 그다지 중요하지 않다. 표면적으로는 정신병원에 유폐된 어떤 사람에 관한 이야기이긴 하나, 그 사실이 독자에게 말해 주는 바는 거의 없다. 불투명하고 수수께끼 같은 작품의 본질이 이 텍스트를 해석하려는 독자의 욕망을 자극하지만, 기본적으로 해석에 저항하는 텍스트이다.

5. *The Siren's Song, Selected Essays*, ed. G. Josipovici, trans. S. Rabinovitch (The Harvester Press, Brighton, 1982).

역시 블랑쇼의 글을 모아 영어로 번역한 책으로 현재는 절판되었다. 편집자인 가브리엘 요시포비치가 쓴 서문이 아주 훌륭하다. 여기에 실린 에세이들은 대부분 『문학의 공간』이나 『불의 몫』에서 찾아볼 수 있다.

6. *The Space of Literature*, trans. A. Smock (University of Nebraska Press, Licoln and London, 1982). (『문학의 공간』, 박혜영 옮김, 책세상, 1990)

1955년 프랑스에서 출판된 『문학의 공간』은 블랑쇼가 쓴 책 중에서 제일 중요하고 또 가장 영향력이 큰 책일 것이다. 이 책에서 그는 예술적 창조의 과정뿐만 아니라 독서의 과정도 분석하고 있다. 가장 핵심적인 에세이는 블랑쇼가 가장 끈질기게 질문해 온 주제인 문학과 죽음의 관계를 다룬 「작품과 죽음의 공간」이다. 이 책에서 논의되는 중요한 작가들은 말라르메, 카프카, 릴케 등이다.

7. *The Step not Beyond*, trans. L. Nelson (State University of New York Press, Albany, 1992). (『저 너머의 발자국』)

블랑쇼가 처음으로 파편적인 형식을 도입한 책이다. (『재앙의 글쓰기』가 그 다음이다.) 이 책의 주요 주제는 글쓰기, 죽음, 중성성이며, 헤겔과 니체가 블랑쇼가 이전에 쓴 글들보다 더 중요시되고 있다.

8. *Vicious Circles*, Two Fictions and 'After the Fact', trans. P. Auster (Station Hill Press, Barrytown, NY, 1985). (「목가」, 민희식 옮김, 《문학사상》, 1980년 5월호)

「목가」와 「마지막 말」이 번역되어 있으며, '사실 이후'라는 제목의 후기가 붙어 있다. 이 두 작품은 *Station Hill Blanchot Reader*에 실려 있다.

9. *The Writing of Disaster*, trans. A. Smock (University of Nebraska Press, Lincoln and London, 1986). (『재앙의 글쓰기』)

『문학의 공간』 이후에 가장 주목받은 책이다. 『저 너머의 발자국』처럼 파편적인 형식으로 씌어졌으나, 더 광범위한 주제를 다루며 철학과 문학의 경계에 놓인다. 중심 주제는 20세기에 인간이 겪어야 했던 모든 재앙이고, 유대인 학살 수용소는 모든 재앙을 대표하고 재현하는, 불가능한 이미지다. 이 책에는 이후 『무한한 대화』로 이어지는 레비나스의 영향이 드러나 있기도 하다.

10. *The Unavowable Community*, trans.P. Joris (Station Hill Press, Barrytown, NY, 1988).(『밝힐 수 없는 공동체/마주한 공동체』, 모리스 블랑쇼·장 뤽 낭시, 박준상 옮김, 문학과지성사, 2005)

현대에 공동체가 가능한지를 탐구하고 있는 블랑쇼의 후기 저서. 장 뤽 낭시의 『무위無爲의 공동체』에 대한 응답으로 저술된 책이다. 이 책은 두 부분으로 나누어 볼 수 있는데, 하나는 그의 친구인 바타유의 정치적 사유를 반성해 보는 것이고 또 하나는 마르그리트 뒤라스의 소설이 지니는 정치적 의미를 탐구해 보는 부분이다.

11. *The Infinite Conversation*, trans. S.Hanson (University of Minnesota Press, Minneapolis and London, 1993).(『무한한 대화』)

블랑쇼의 저서 중 가장 길고, 포괄적인 영역을 다루고 있는 책이다. 카프카, 파스칼, 니체, 브레히트, 카뮈의 작품들을 다루고 있다. 레비나스의 윤리학이 가장 전면적으로 드러나 있는 책이기도 하다. 이 책의 중심 주제는 언어의 본질, 서술하는 목소리, 혁명적 정치학, 허무주의의 의미와 범주, 그리고 유대적 정체성이다. 비평과 문학작품 간의 경계가 아주 흐릿하게 서술되어 있는 이 책의 형식상의 실험은 『저 너머의 발자국』이나 『재앙의 글쓰기』에서 더 확대된다.

12. *The Work of Fire*, trans. C. Mandell (Stanford University Press, Stanford, CA, 1995). (『불의 몫』)

블랑쇼의 초기 에세이를 묶어 1949년에 출판되었던 책을 번역한 것이다. 블랑쇼의 가장 중요한 에세이 중 하나인 「문학과 죽음에의 권리」는 그가 문학이라는 문제에 접근하는 방식의 전형을 보여 주므로 블랑쇼를 이제 막 읽어보려고 하는 이들이 처음 접하기에 적당한 글이다. 이 책에는 말라르메나카프카에 대한 중요한 에세이들도 실려 있다.

13. *The Blanchot Reader*, ed. M. Holland (Blackwell, Oxford, 1995).

다른 책에서 찾아볼 수 없는 흥미로운 블랑쇼의 글들이 여럿 실려 있다. 그가 쓴 정치적인 글들도 번역되어 있어서 유용하다. 하지만 아주 중요한 글들이 더러 빠져 있기도 하다. 『*Station Hill Blanchot Reader*』을 함께 참고하면좋다.

14. *The Most High*, trans. Allan Stoekl (University of Nebraska Press, Lincoln, 1996). (『하느님』)

카프카와 비슷한 점이 많은 초기 소설 중 하나. 기괴한 전염병이 돌아 폐허가 되다시피 한 어떤 도시의 이야기가 기본적인 뼈대이다. 국가의 권력, 인간의 약점과 단점에 관한 심원한 성찰이 담겨 있다.

15. *Friendship*, trans. E. Rottenberg (Stanford University Press, Stanford, 1997). (『우정』)

문학비평으로 구성된 표준적인 비평집으로는 마지막에 해당한다. 1971년에
처음 출판되었다. 다른 책들처럼 문학 작가와 작품에 대한 에세이로 구성되
어 있으나, 자전적인 색채가 좀 더 가미되어 있다는 점이 특색이다. 이를테
면 이 책의 제목이 되기도 한 바타유와의 우정에 대한 글이 그러하다. 또 카
를 마르크스에 관한 에세이에서 엿보이듯, 좀 더 직접적인 정치적 입장을
내비치고 있다는 것도 이 책의 특징이다. 1968년 파리의 학생 봉기에 참여
한 것이 이런 변화를 가져왔을 것이다.

16. *Awaiting Oblivion*, trans. John Gregg (University of Nebraska Press, Lincoln,
1997). (『기다림 망각』)

블랑쇼는 전통적인 장, 단편소설의 형식에서 탈피한 자신의 후기 소설들을
그저 '이야기narrative; récit'라고만 칭했다. 이 이야기는 베케트의 소설과 비
슷한 면모를 보인다. 표면적으로는 어딘지 모를 호텔 방에서 한 남자와 한
여자가 주고받는 대화가 중심이지만, 블랑쇼의 다른 후기 서사들과 마찬가
지로 무슨 일이 생겼느냐가 중요한 것이 아니라 파편적인 형식 그 자체가
핵심이다.

17. *The Station Hill Blanchot Reader*, ed. G. Quasha, trans. P. Auster, L. Davis
and R. Lamberton (Station Hill Press, Barrytown, NY, 1998)

블랑쇼의 이야기와 에세이가 고루 포함된 훌륭한 책이다. 『알 수 없는 자』,
토마, 『죽음의 선고』, 『낮의 광기』 등의 이야기들과 함께 『오르페우스의 시
선』에 수록되었던 11편의 에세이가 실려 있으며, 「문학과 죽음에의 권리」,
「서술하는 목소리」처럼 중요한 에세이들이 포함되어 있다. 또한 이 책에는

블랑쇼 저작을 번역·출판하려고 애를 써 온 스테이션 힐 출판사의 노고가 담겨 있다. 폴 오스터나 리디아 데이비스 같은 유명 작가들이 번역자로 참여하였다.

〔이상의 목록에는 빠져 있으나 국내에 번역된 블랑쇼의 저서로는 소설 『아미나다브 *Aminadab*』(하동훈 옮김, 범한출판사, 1984), 「내 죽음의 순간」(우종녀 옮김, 《현대 비평과 이론》 14호, 1997년 가을/겨울)과 비평집 『미래의 책 *Le Livre à venir*』(최윤정 옮김, 세계사, 1993)이 있다.〕

■ 모리스 블랑쇼에 관한 저작

1. Bruns, Gerald L., *Maurice Blanchot: The Refusal of Philosophy* (Johns Hopkins University Press, Baltimore, 1997).

모든 블랑쇼 저작의 철학적·정치적 배경을 자세하고 정교하게 설명해 주고 있다. 특히 하이데거 시학과의 연관 관계에 초점을 맞추고 있으며, 시인 파울 첼란Paul Celan과 블랑쇼를 비교하는 부분이 이채롭다.

2. Clark, Timothy, *Derrida, Heidigger, Blanchot: Sources of Derrida's Notion and Practice of Literature* (Cambridge University Press, Cambridge, 1992).

현대 문학 이론을 이해하려면 블랑쇼의 중요성을 간과해서는 안 된다는 사실을 영미권에서 거의 처음으로 강조한 책이다. 난해하지 않으면서도 학문적 탐구에 충실하다. 하이데거에서 블랑쇼를 거쳐 데리다의 문학 개념에 이르는 영향 관계를 잘 보여 주고 있다.

3. Critchley, Simon, *Very little — Almost Nothing* (Routledge, London and New York, 1997).

블랑쇼를 직접적으로 논하지는 않지만 블랑쇼의 영향이 지대하다. 첫 번째 장에서는 문학과 죽음의 유사성일 뿐만 아니라 블랑쇼와 레비나스의 공통점이기도 한 '있음'이라는 현상을 포괄적으로 통찰력 있게 다루고 있으며, 블랑쇼의 반反 문학 이론을 실천했다고도 할 수 있는 베케트의 작품을 분석하는 대목이 아주 흥미롭다.

4. Deleuze, Gilles, *Foucault*, trans. S. Hand (University of MinnesotaPress, Minneapolis, 1988).

블랑쇼가 아니라 푸코를 다룬 책이지만, 블랑쇼도 아주 중요한 위상을 차지한다. 들뢰즈는 푸코 사유의 핵심인 푸코의 언어 이해 방식이 블랑쇼의 글을 근원으로 한다고 분명하게 밝히고 있다. 들뢰즈가 현대 기호학과 다른 시각을 제시하는 데 블랑쇼가 아주 중요한 역할을 했다는 것도 이 책에서 드러난다. 1980,90년대 프랑스의 급진적 사상가들에게 블랑쇼가 얼마나 중요한지를 예증하는 중요한 책들 중 하나이다.

5. Gill, Carolyn Bailey, ed., *Maurice Blanchot: The Demand of Writing* (Routledge, New York and London, 1996).

블랑쇼의 정치적인 글, 서사, 문학비평 등을 두루 살피는 14편의 비평이 실려 있다. 설명에 중점을 둔 글도 있지만 어떤 글들은 날카로운 면모를 보인다. 계속 문제가 되어 온 1930년대의 정치 참여를 해명한 블랑쇼의 편지가 수록되어 있다.

6. Gregg, John, *Maurice Blanchot and the Literature of Transgression* (Princeton University Press, Prinston, 1994).

블랑쇼를 접해 본 적이 있는 이들에게 도움이 될 만한 도전적인 책이다. 위반transgression이라는 개념을 중심으로 블랑쇼를 살펴본 이 책의 저자에 따르면, 블랑쇼는 바타유의 영향을 받아 위반을 사유하게 되었다. 블랑쇼의 헤겔 비평, 블랑쇼가 독서와 글쓰기를 묘사하면서 성경에 등장하는 인물들의 형상을 사용한 것 등도 이 책의 관심사이다. 후반부는 『하느님』과 『기다림 망각』을 자세하게 다루고 있다.

7. Hill, Leslie, *Blanchot: Extreme Contemporary* (Routledge, London and New York, 1997).

영어로 된 연구서 중 가장 유용하고 필수적인 입문서이다. 블랑쇼의 삶을 이야기하면서 1930년대 언론계 활동을 둘러싼 오해들을 불식시키고 있으며, 40년대부터 최근까지 블랑쇼 문학비평을 폭넓게 다룬다. 철학적 배경 지식을 요구하므로 아주 쉬운 책은 아니지만, 블랑쇼를 깊이 있게 이해하도록 해줄 것이다.

8. Libertson, Joseph, *Proximity: Levinas, Blanchot, Bataille, and Communication* (Martinus Nijhoff, The Hague, 1982).

영어권 독자들에게 블랑쇼를 처음으로 소개한 책들 중 하나이다. 블랑쇼의 글과 레비나스, 바타유를 연결짓는 부분이 매우 인상적이다. 하지만 학술적인 논문 형식으로 씌어 있어서 이해하기 쉬운 책은 아니다. 초심자에겐 적합하지 않다.

9. Mehlman, Jeffrey, *Legacies of Anti-Semitism in France* (University of Minnesota Press, Minneapolis, 1983).

영미에서 1930년대 블랑쇼의 정치적인 글들을 최초로 다룬 에세이가 수록되어 있다. 저자는 그 시기 블랑쇼의 언론계 활동이 반유대주의와 무관하지 않으며, 또 블랑쇼의 문학비평과도 연관이 있다고 주장한다. 저자의 입장이 옳은지 그른지를 판단하기 위해서라도 읽어 볼 가치가 있는 책.

10. Pepper, Thomas, ed., *Yale French Studies: The Place of Maurice blanchot* (Yale University Press, New Haven, 1998).

블랑쇼에 관해 최근에 씌어진 글들을 모은 책이지만 안타깝게도 글의 수준이 고르지 않다. 블랑쇼의 문학비평보다는 소설이나 서사에 초점을 맞춘 책. 아주 훌륭한 책은 아니지만 읽어 볼 만한 글들도 실려 있다.

11. Unger, Steven, *Scandal and Aftereffect : Blanchot and France Since 1930* (University of Minnesota Press, Minneapolis, 1995).

블랑쇼에 관한 특정한 주제에 초점을 맞춘 책. 미국의 비평가들이 사로잡혀 있는 주제인 1930년대 블랑쇼의 정치 활동을 다루고 있다. 이 책의 핵심을 이루는 심리학적 개념인 '잔존 효과aftereffect'는 블랑쇼의 정치 참여에 관한 기억 상실을 설명하기 위해 사용된다. 대부분 번역되지 않았던 블랑쇼 언론계 활동의 사실관계를 확인하는 데 유용하다.

12. Wall, Thomas Carl, *Radical Passivity: Levinas, Blanchot and Agamben* (State University of New York Press, Albany, 1999).

흔치 않게도 읽기 쉽게 씌어진 책. 개설서도, 전기적 연구도 아니지만 독특한 철학적 관점을 보여 준다. 블랑쇼에게 죽음이 갖는 의미에 중점을 두고 있지만, 레비나스와의 같고 다른 점을 살펴본 부분이나 이탈리아 철학자 조르조 아감벤과의 관계를 살펴본 대목도 주목할 만하다.

■ 인터넷 자료

1. Lilly, Reginald, *The Resource Page for Readers of Blanchot*. http://lists.villagevirginia.edu/~spoons/blanchot/blanchot_mainpage.htm(6 March 2000) 〔현재는 이 주소에 자료가 존재하지 않는다.〕

■ 찾아보기

모리스 블랑쇼 침묵에 다가가기

2008년 7월 25일 초판 1쇄 발행

지은이 l 울리히 하세 · 윌리엄 라지
옮긴이 l 최영석
펴낸이 l 노경인 · 김주영

펴낸곳 l 도서출판 앨피
출판등록 l 2004년 11월 23일 제2011-000087호
주소 l 우)07275 서울시 영등포구 영등포로 5길 19(37-1 동아프라임밸리) 1202-1호
전화 l 02-336-2776 팩스 l 0505-115-0525
전자우편 l lpbook12@naver.com
블로그 l blog.naver.com/lpbook12

ISBN 978-89-92151-19-1